U0932814

高校思想政治理论课教学空间研究

王玺 ■ 著

GAOXIAO SIXIANG
ZHENGZHI LILUNKE
JIAOXUE KONGJIAN
YANJIU

中国社会科学出版社

图书在版编目（CIP）数据

高校思想政治理论课教学空间研究 / 王玺著．—北京：中国社会科学出版社，2023.5

ISBN 978－7－5227－1531－5

Ⅰ.①高…　Ⅱ.①王…　Ⅲ.①高等学校—思想政治教育—教学研究—中国　Ⅳ.①G641

中国国家版本馆CIP数据核字（2023）第057963号

出 版 人　赵剑英
责任编辑　杨晓芳
责任校对　吴焕超
责任印制　王　超

出　　版　中国社会科学出版社
社　　址　北京鼓楼西大街甲158号
邮　　编　100720
网　　址　http://www.csspw.cn
发 行 部　010－84083685
门 市 部　010－84029450
经　　销　新华书店及其他书店

印刷装订　三河市华骏印务包装有限公司
版　　次　2023年5月第1版
印　　次　2023年5月第1次印刷

开　　本　710×1000　1/16
印　　张　14.25
插　　页　2
字　　数　206千字
定　　价　78.00元

序

王玺博士是我的研究生，现就职于西南石油大学马克思主义学院。在攻读博士学位期间，这名学生很是勤奋。从毕业到今天的五年时间里，我看到一位年轻人从思想政治教育学科的门外汉，经过自身努力逐渐成长为一名符合要求的思政课老师。在四年期间，王玺博士秉持锲而不舍的学习与科研精神，特别是博士论文的开题、中期、外审和答辩环节都获得了好评，作为导师的我深感欣慰。现在，博士论文加工修改整理成书出版，无疑又跃上一个新的台阶。

关于高校思想政治理论课教学空间研究，是一项比较有挑战性的工作。自思想政治教育学科设置以来，对于微观层面的分析与解读已颇有成果，诸如高校思想政治理论课的教学内容、方法、载体、过程等，同时也不难发现，教学效果仍然面临着实效性不足、说服力不强等现实问题。但仔细推敲和探究思想政治理论课教学的空间转向，对我们深度思考问题，获得更新的理论认知，发现教学实践的新进路，无疑是打开了一扇门，推开了一扇窗。

不可否认，当前学术界以“空间”作为切入点进行高校思想政治理论课教学研究的有影响的成果并不多见，即便有些研究成果，也常常只侧重于以方法、手段、模式、效果等要素来解读，依然缺乏对高校思想政治理论课教学活动的整体性、系统性的空间统摄，对以下问题仍旧未能给出令人满意的回答：什么是高校思想政治理论课教学空间？高校思想政治理论课教学空间的本质与特征为何？高校思想政治理论课教学空间具有怎样的结构、类别与功能？新时代高校思想政治理论课教学空间怎样进行优化与拓展？对于上述问题，王玺博士在书稿的撰写中给予了较好的思考与回应。

回答高校思想政治理论课教学空间以及高校思想政治理论课教学空间的本质与特征为何问题，实际上是有难度的。在书稿中，王玺博士基于对马克思主义空间理论、中国社会的空间思想以及西方世界的空间理念进行理论溯源，深度思考与解析了马克思主义空间理论中国化的最新成果，亦即习近平总书记提出的“八个统一”，阐释了关涉高校思想政治理论课教学的主要要素等话题，这对于我们深刻把握高校思想政治理论课教学空间的内涵与外延具有重要的指导意义。同时书稿提出了高校思想政治理论课教学空间是一个主体间性的多要素合力共鸣之系统，其形成有助于加速个人的社会化进程；此外，概括出高校思想政治理论课教学空间具有共生、实践、系统、技术四大特性。缘此，成果较好地完成了对高校思想政治理论课教学空间基本意蕴和本质属性的诠释。

在回应高校思想政治理论课教学空间具有怎样的结构、类别与功能以及怎样优化与拓展高校思想政治理论课教学空间的问题方面，书稿一方面以主体、内容、方法与载体构成的空间矩阵作为思想政治理论课教学空间的主要结构，同时创新性地提出三种全新的空间类型划分，为后续的功能赋值与优化拓展奠定了基础。另一方面，书稿围绕着习近平总书记学校思想政治理论课教师座谈会重要讲话中关于创新思想政治理论课教学的重要论断，用“八个统一”作为指导思想政治理论课教学空间创新与发展的方法论，并进一步结合习近平总书记关于教育方面的重要论述，从六个既相互区别又协调统一的维度探究高校思想政治理论课教学空间的优化与拓展。应该说，书稿对上述问题的解答，在相当程度上能够为读者深化对思想政治理论课的教育教学研究提供一定的借鉴与参考。

总之，本书体现了理论探讨与实践应用相结合的特色，努力以空间转向的视角带领读者进入一个崭新的领域。仔细阅读和品味该作品，应该会有不少的收获。

最后，祝贺王玺博士的书稿付梓，也希望她能够继续在此领域深耕，再出更新成果。

吴满意

2022年秋于成都

目　录

图目录

表目录

第一章

绪　论

第一节　研究的背景与意义

时间与空间是人类思维的总体框架，是一切事物存在的参考坐标，是人们考察和分析事物的重要维度。空间思维由来已久，从亚里士多德到莱布尼茨、从马克思到吉登斯，涉及的空间领域囊括了物理学、哲学、社会学、地理学、政治学等诸多领域。随着社会的发展与科技的进步，人们对于空间的探索、发现及思考从物质空间扩展到精神空间，从现实空间扩展到虚拟空间。高校思想政治理论课教学是在特定的教学活动空间之中，教育参与主体双方通过各种形式的互动与沟通，有目的、有秩序进行的社会主义意识形态理论学习与社会实践，最终达到立德树人育人目标的过程。可见，思想政治理论课教学本身，就具有明确的空间属性。

一　研究的背景

20世纪六七十年代开始，人们对于社会问题的思考逐渐从时间——历史的维度转向空间——地理的视角。从列斐伏尔、福柯、詹姆逊，到苏贾、哈维，无一不是从空间的维度关注人类的生存与发展。社会理论逐渐呈现出“空间转向”，突破了以往以时间为主导的线性的、静态的历史研究方式，开始从社会、地理、文化等角度来探寻事物发展变化的规律，进而引发了思维方式、言说方式和解释框架的变革，构建起各类空间形态，譬如社会空间、生态空间、虚拟空间等。故而，伴随着人们生产生活方式的改变及科学理论体系的改革，社会科学研究已然将空间转向作为新的理论生长点，思想政治理论课教学空间的研究便应时而生。

自思想政治教育学科设立以来，高校思想政治理论课教学已然在教学目标、内容、方法、载体、过程、对象方面进行了颇为细致深入的研究，这些研究更多的是将思想政治理论课教学分解为各个要素，并进行微观的、具体的分析和解读，从学理性的角度对思想政治理论课教学的要素构成、作用关系、活动步骤等进行了规律性的研究。然而，不难发现，思想政治理论课教学也面临着实效性不够、说服力不强，甚至为受教育者所抵触等现实问题，要找到问题的症结之所在，仅仅从已有的教学体系和教学要素上很难寻找到真正的切入点。但当我们站在更为社会性、整体性的高度来审视当前思想政治理论课的教学困境时，空间则成为一个全新的研究视角。

从空间视角来看，高校思想政治理论课教学存在的主要问题在于：空间形态单一化和空间形态绝对化。所谓空间形态单一化，即把思想政治理论课教学空间孤立地理解为某种教学形式，如课堂教学或者校园教学，未能将思想政治理论课教学看作相互联系的有机整体，从本质上缺乏对教学空间的认知，也制约了教学实效的获得。所谓空间形态绝对化，即思想政治理论课教学空间的运行脱离社会实际，意识形态与现实生活脱节、分离。高校思想政治理论课教学的目的是立德树人，这个“人”是社会人，思想政治理论课教学空间的属人性应体现在其空间教学的社会性、实践性中，与社会的发展紧密相连。

当前，中国社会正处于深层转型过程之中，在价值取向上也从中国传统的伦理观逐步过渡到改革开放以来经济市场化所引发的多元化价值观，人们的交往方式也从熟人生活空间开始向陌生人生活空间过渡，随之带来了一系列社会问题。其次，中国的城市化进程使得城乡空间嬗变，在城乡融合发展中，除了城市的扩张、景观的建设之外，人的问题更为突出，诸如均等化的公民权利和社会福利，包括同等的受教育权利。城乡空间从以前的相对隔离，逐渐开始相互碰撞、融合，但附着在城乡物理空间差异之上的文化差异却很难立即消弭，中国社会结构变迁导致的社会问题给思想政治理论课教学活动的开展带了极大的挑战。再次，信息技术的飞速发展，尤其是互联网的出现，使现实物理空间的边界大大拓展，缓解网络虚拟空间对于社会主义主流意识形态的冲击和解构，把握网络传播规律，构建思想政治理论课虚拟空间的综合教学体系已刻不容缓。

高校思想政治理论课教学的活动场域，既有时空上的延展，也有形态上的变换，既有宏观上的统摄，也有微观上的关联。思想政治理论课教学的教育性、社会性、实践性、流动性、多维性决定了只有以全新的空间视角才能开展结合世情国情的思想政治教育活动，空间已成为认知、构建与拓展思想政治理论课教学体系的重要考量因素，然而高校思想政治理论课教学空间的研究价值似乎还未引起人们的足够重视。

二　研究的意义

高校思想政治理论课教学研究不应仅仅关注微观层面的对象与内容，例如教育参与主体、教学内容与方法、教学过程与载体等，更应该以社会化、整体化、系统化的视角关注思想政治理论课教学互动交往的场域，包括课堂与学科、现实与虚拟、制度与非制度空间等。空间转向在为思想政治理论课教学提供更加系统化、科学化研究视角的同时，更能激发思想政治理论课教学产生新的问题意识和解释框架，进一步丰富和扩展思想政治理论课教学的意义和价值，因而具有深层次的理论意义与现实意义。

首先，理论意义层面：

第一，空间转向进一步凸显高校思想政治理论课教学参与者的主体性和现代性。在传统的思想政治理论课教学活动中，教育双方置身于具体的、特定的、可控的时空和角色定位当中，教学活动参与主体局限于实体的、固定的物理空间之中。随着现代社会的发展和转型，日益复杂的社会关系和生产结构对传统的思想政治理论课教学活动的开展带来了巨大的冲击，再加之虚拟空间的出现，推动着思想政治理论课教学运行机制产生变革。空间理论研究则是通过分析不同空间场域之内行为主体在相应教学互动交往之中所呈现出的行为轨迹，以此来推断和明确教学参与主体的路径选择与教学互动空间变换之间的逻辑关系，增加参与主体在思想政治理论课教学活动中的空间经历和空间体验，提升主体的空间自觉意识和空间创新能力，拓展思想政治理论课教学的理论资源。

第二，空间转向有利于提升高校思想政治理论课教学研究的系统化和科学化。空间意识的增强和空间壁垒的打破，有助于学科间的相互学习、相互借鉴。借助地理学、生态学、制度学、系统科学等学科的理论与方法，探讨教学空间的系统构成，提升空间系统内各组成要素之间的作用机制，分析其结构与功能，从而构建一个多层次、多维度的思想政治理论课教学空间体系，能使人们更加立体地认识和把握思想政治理论课教学的自身发展与学科建设相互之间的内在契合性，促使思想政治理论课教学空间的系统化、科学化研究并行不悖。

其次，现实意义层面：

第一，空间研究有助于提升高校思想政治理论课教学实践的力度与效度。思想政治理论课教学空间本身具有空间属性、教学属性和社会属性，其教学活动的开展早已超出了传统的实体空间和校园空间等已有场域。无论是思想政治理论课教学的课堂空间、学科空间、现实空间、虚拟空间，还是制度空间、非制度空间，必须要以更加日常化、生活化的形态来开展教学活动，将教学空间拓展至家庭、社会和虚拟情境，在不同空间的实践中积累经验，才能更好把握多种教学空间转换的时间节点，实现不同教学活动空间的无缝衔接，从而进一步提升思想政治理论课教学的空间实效性与影响力。

第二，空间研究有助于促进高校思想政治理论课教学实现突破与创新。空间转向作为思想政治理论课教学与社会空间各领域的创新结合点，不断向社会实践、网络空间、受教育者日常行为表现延伸，突破了以往的教学思路与理念。同时，互联网与信息科技的发展助推了思想政治理论课教学空间向虚拟空间的延伸，资源共享型交互式教育学习平台得以建立，教育者充分利用空间分享资源、进行授课，受教育者则发挥主体性进行空间内的自主学习，与受教育者之间形成空间教学互动交往，创新空间教学手段与模式。思想政治理论课教学开展的空间化，也促进了各类教学空间管理的变革，队伍建设的科学管理、空间资源的有效配置、教学结构的合理优化等都会为思想政治理论课教学提供源源不断的内生动力，维护和保障思想政治理论课教学空间的生态平衡。

第二节　国内外研究现状述评

空间是物质存在的方式和运动的场所，社会空间则是人类进行社会生产和相互交往的产物和结果。对于空间问题的思考和探索经历了极其漫长的一段时期，至今仍未停歇。伴随着人类社会的发展，空间形式日趋多样化，空间内涵日益丰富化，以空间作为研究视角和切入点具有理论前瞻性、实践可塑性。高校思想政治理论课教学的目的是培养符合社会意识形态要求的个体以及其所必需的社会生存能力，而不仅仅是一种理论的思辨和研究。高校思想政治理论课教学空间研究作为一种崭新的解释框架，其研究目前尚处在起步阶段。

一　国内研究现状述评

当前，以“高校思想政治理论课教学空间研究”为主题或主旨的研究成果甚少，因此对国内研究现状进行梳理时，一并将与思政课教学空间研究密切相关的“思想政治教育空间研究”也做相关述评，以此来更加明晰本研究的研究范畴与对象。

（一）高校思想政治理论课教学空间相关研究

在 CNKI 上以“高校思想政治理论课教学空间”为搜索关键词检

索到的文献只有寥寥几篇，其余皆是与“思想政治理论课教学”主题相关，其研究领域主要聚焦于以下几方面，即思想政治理论课教学实效的获取、教学模式的创新、教学策略的制定，以及网络思想政治理论课教学的改革等。综而观之，当前学界对思想政治理论课教学仍然沿袭着传统的研究理路，视角相对单一，整体性、空间化的意识比较匮乏。

首先，高校思想政治理论课教学空间的基本理解。目前仅有几篇文献直接与此命题相关，以空间视角来进行思想政治理论课教学的研究尚处于初步理解和认识阶段。谢迪斌认为，思想政治理论课教学空间即课堂教学空间，其教学活动的开展除了知识的传授与技能训练外，更是一种思想转化与情感提升，因此有必要构建体验式的教学空间，最重要的是选择和运用构建教学空间的各种材料，诸如话语、课件、造型、学生材料等，恰当地进行空间的切割与转换。[①] 王荣发则以“思想道德修养与法律基础”课程为例，指出必须树立全新的教学空间观，处理好有限与无限、主阵地与辅阵地、现实空间与虚拟空间、教学计划与现实需要的关系，超越传统课堂空间，拓展课外校园生活空间、社会实践空间和网络虚拟空间，通过对教学队伍、内容、方法、组织、研究进行整体性建构，建立“基础”课教学的立体化教学模式。[②]

此外，另有两名专家的研究成果与思想政治理论课教学空间研究有一定关联。杨业华认为环境要素是进行思想政治理论课教学研究的重要切入点，要加强教学时空环境、学校设施环境、校园舆论环境、人际环境、教学组织环境的建设，增强教学的实效性。[③] 刘朝武通过高校思政课师生交往空间的构筑模式，指出现代大学的师生交往已经

---

① 谢迪斌：《思想政治理论课课堂教学空间设计及其运用》，《思想理论教育导刊》2009 年第 9 期。

② 王荣发：《思想政治理论课教学空间的拓展与建构》，《思想理论教育》2016 年第 1 期。

③ 杨业华、刘靖君：《高校思想政治理论课教学环境建设探析》，《思想理论教育导刊》2011 年第 4 期。

从传统的物理空间走向了多维的时空分布，专业教育的“智育”与素质教育的“心育”尚未整合为互动协同的交往空间，基于交往理论的系统分析，以高校思政课师生交往效能提升为目标，试图进行要素分析与路向建构。①

其次，高校思想政治理论课的教学思路和教学模式。在宏观上对思想政治理论课教学策略及教学思路的考量，以及微观上对思想政治理论课教学要素和教学模式的探讨是当前专家们比较关注的领域。

第一，教学思路与教学策略。李影主张在坚持教师主导性与学生主体性的前提下，整合思想政治理论课教学的相关资源，建立集课堂、实践、网络教学为一体的多维度、立体化的综合式教学平台，寻求一种协调共进、功能互补的新教学新模式。② 李木柳则强调实践教学是增强思想政治理论课实效性和时代感的有力抓手，即在准确把握高校思想政治理论课实践教学基本内涵的基础上，突破从狭义的实践观范围内理解实践教学的局限，在融入实践性内容的前提下，开展课堂内外灵活多样的实践活动，明确课堂、社会、虚拟实践教学互融互联、协调共生的教学思路。③

第二，教学要素与教学模式。以某一项具体思想政治理论课教学活动囊括或涉及的要素，如载体、方法等，作为切入点展开探讨。周惠杰等尝试以载体和方法的创新来增强思想政治理论课教学实效性，贯彻“四结合”原则，探索系统与要素相统一的整体性思想政治理论课实践教学路径。④ 另一部分研究者则从教学模式的建构角度展开对思想政治理论课教学的思考。杨志超提出应将思想政治理论课教学改

---

① 刘朝武：《从智育走向心育：现代大学师生交往空间立体化构筑模式探微》，《江苏高教》2017 年第 7 期。

② 李影：《综合立体：思想政治理论课教学的新思维》，《黑龙江高教研究》2010 年第 12 期。

③ 李木柳：《对高职思政课实践教学内涵及路径的探析》，《职教论坛》2012 年第 23 期。

④ 周惠杰、吴卫东、宋阔：《略论高校思想政治理论课实践教学载体与方法的创新》，《学校党建与思想教育》2016 年第 2 期。

革的着力点放在对混合式教学模式的探索上，在线课堂、传统课堂、实践课堂融合之后的混合式教学模式，能够实现多个教学空间的优势互补，有效应对思想政治理论课教学改革面临的时代挑战，不同教学空间在时间、空间、定位、功能上协调互补，能够有效形成空间合力共鸣，促进思想政治理论课教学目标的达成。①

第三，基于网络媒介与信息技术的思想政治理论课教学。随着教育技术的运用与发展，以互联网和信息科技为依托的各类新型媒体作为技术手段不断被应用到高校思想政治理论课教学的改革与融合创新当中，此类研究有逐渐增加的趋势。吕峰、管爱花认为在复杂的教育环境面前，要发挥新媒体的优势，更新教学理念、创新教学模式、加强教师素养，从而推进高校思政课教学改革实践。② 关于思想政治理论课网络平台的建设与使用，唐召云聚焦于基于互联网云平台空间的思政课教学方法创新与应用，认为要依托世界大学城空间，灵活运用现代信息技术，整合教学资源。③ 王惠以“互联网+”为背景，梳理了近十年高校思想政治理论课的历史演进及逻辑，从“互联网+”与“互联网-”两个角度展望未来思政课教学改革的趋势与走向。④

第四，思想政治理论课教学的实效性。肖映胜、吕学芳提出“五全育人”的建设思路，即全新育人理念、全面育人举措、全程育人模式、全员育人精神，彰显了思想政治理论课教学对新时代人才培养与发展的要求，对于提升思政课教学实效具有重要意义。⑤ 郑忠平从教师自身入手，认为高校教师在思想政治理论课中，必须与时俱进且要

---

① 杨志超：《建构思想政治理论课混合式教学模式的现实思考》，《思想理论教育》2017年第11期。

② 吕峰、管爱花：《新媒体环境下高校思想政治理论课教学改革创新实践路径探讨》，《思想政治教育研究》2016年第6期。

③ 唐召云、蒋晓明、匡利民：《基于互联网云平台空间的思政课教学方法创新及应用》，《中国高等教育》2017年第11期。

④ 王惠：《“互联网+”背景下高校思想政治理论课教学改革的加与减》，《教育评论》2017年第10期。

⑤ 肖映胜、吕学芳：《“五全育人”：提升高校思想政治理论课教学实效创新思路研究》，《思想理论教育导刊》2015年第10期。

结合教学实际，更新教学理念，提高教学效率，改善教学模式，以增强教学实效性。[①]

综上所述，针对“高校思想政治理论课教学空间”的研究目前尚处于初步阶段，空间概念和理念零散见于思想政治理论课教学过程之中，只字片语，不甚详焉，缺乏对于高校思想政治理论课教学空间内涵与外延、基本特征等的深入理解，空间视域存在局限性，难以整体性、系统性地把握思想政治理论课教学空间的属性与构建路径。

（二）高校思想政治理论课教育空间相关研究

思想政治教育活动既存在于思想政治教育空间之中，也存在于思想政治教学空间之中，二者在本质属性方面有着相似性和共通性，但在教育对象和教育功能方面也有不少差异。对于思想政治教育空间相关研究进行梳理和总结，有助于进一步明晰思想政治理论课教学空间的界定与拓展。目前，学界针对“高校思想政治教育空间”的研究也相对较少，直接相关的研究成果主要是对思想政治教育空间的概念、功能、策略的基本解析，另有一些专家从多维空间的视角探讨思想政治教育空间的整合和构架，其余的则是从社会场域、公共空间和虚拟空间来探析一二。

首先，思想政治教育空间的转向之思。直接以“高校思想政治教育空间”为主题的研究成果皆是以空间转向为契机，作为思想政治教育的变革和发展策略。张丽璇认为意识形态具有空间本质是历史唯物主义的重要命题之一，这就决定了思想政治教育的实质就是对意识形态的空间生产，目前正面临着意识形态的空间危机，一方面是意识形态“两张皮”现象造成的空间分割与隔离，另一方面是敌对势力的空间渗透，因此必须建构空间整合与空间转化相结合的空间策略来维护意识形态安全。[②] 卢岚指出社会结构的急剧转型，迫使思想政治教育以区别于以往的理论框架来进行理论与现实问题研究，空间思维统摄

① 郑忠平：《高校思想政治理论课教师教学实效性研究》，《中国教育学刊》2015 年第 S1 期。

② 张丽璇：《思想政治教育的空间策略》，《理论探讨》2017 年第 1 期。

下的思想政治教育旨在以空间思维去审视社会，探寻转型中国的多重空间指涉意义，揭示和解决社会转型中出现的种种困境，思想政治教育研究指向空间关系的重组与建构过程成为浓缩和表征当代思想政治教育重大问题的符码。①

另有部分学者将空间研究投向了高校思想政治教育机制，或者其中某一部分主题空间。侯勇、孙然主要谈到了对于高校思想政治教育空间的整合，即以“立德树人”“动态平衡”“系统优化”为目标，注重高校思想政治教育空间的引导力、动力、平衡力等多元力量整合，并建议健全高校思想政治教育的组织空间整合、学科空间整合和社会空间整合机制。②

其次，思想政治教育的多维空间视角。当前学者的研究也涉及多维化视角。杨慧娟认为思想政治教育空间的构架并不是独立存在的，它需要教师从多视角着眼，从多领域着手，如家庭、社会、情境教育等，建立一个全面、立体、系统的教育空间，这有利于思想政治教育价值意义的实现。③ 侯勇试图以系统整体性视野提供整合高校思想政治教育系统新的解释框架，即在教书育人、实践工作、学科建设等多元空间场域基础上进行整合优化，这是实现高校思想政治教育铸魂育人的重要路径。④

再次，思想政治教育的虚拟空间视角。陈宗章、李大伟从网络思想政治教育主体及其空间结构入手，认为网络空间是一个流动的、不断生成的社会性空间，网络思想政治教育即是在网络空间中展开的意识形态实践活动；围绕“教育与被教育”的实践关系，认为网络思想政治教育主体在交往互动中完成网络空间中思想关系的生产和传递，从而构架出网络思想政治教育主体空间，而实现其空间稳定与发展的

---

① 卢岚：《论思想政治教育变革的空间转向》，《思想理论教育》2017 年第 3 期。

② 侯勇、孙然：《高校思想政治教育空间整合：目标、力量与机制》，《思想教育研究》2018 年第 3 期。

③ 杨慧娟：《思想政治教育多维空间场域的构架》，《教学与管理》2017 年第 12 期。

④ 侯勇：《论多维空间视野中高校思想政治教育系统整合》，《思想教育研究》2017 第 5 期。

前提是基于对主体、客体与空间三者结构与关系的正确把握。[①] 王越芬、张世昌在拟态空间视域下进行思想政治教育研究，认为目前面对辩证性、动态性的拟态空间，建构主体需要突破以下多重困境：认识程度不足，建构主体素养存在短板，市场因素干扰，模态话语单一等；在解决策略方面应注重以下几个方面：以建构完善理性的公共话语场为支撑，以多模态话语协同开展增强话语效度为宗旨，以提高建构主体队伍水平为切入点，以信息与媒介素养融合为动力，以制度和法律规范媒体行为作保障。[②]

最后，思想政治教育的社会空间视角。邓纯余认为社会理论的空间转向提供了开展思想政治教育的崭新视角和解释框架，思想政治教育的空间实践开始向人际交往、精神交流等维度扩展；日常生活与非日常生活、虚拟社会与现实社会、公共空间与私人空间的分化聚合都是思想政治教育空间建设的要素，因此对于社会空间之中要素运行和交往关系的规律性把握，以及科学有效的实践规划，是促进思想政治教育空间拓展的重要前提。[③] 陈宗章主要侧重于社会场域当中思想政治教育转型的动力分析，即基于教育主体的微观层动力、组织发展的中观层动力、社会转型的宏观层动力，体现出思想政治教育在社会场域之中面临的由内而外的动力需求。[④]

综上所述，通过对"高校思想政治理论课教学空间"以及"高校思想政治教育空间"相关成果的梳理和分析，可以看出目前国内学界对于高校思政课教学空间本身的研究基本处于空白状态，已有相关研究成果仍是围绕着思想政治理论课教学过程、方法、手段、模式、效果等环节和要素展开，鲜少真正以空间性、整体性、系统性的视域来把握和理解思政课教学活动，并且还暴露出以下几个问题：

---

① 陈宗章、李大伟：《网络思想政治教育主体及其空间结构》，《学校党建与思想教育》2015年第15期。

② 王越芬、张世昌：《拟态空间视域下的思想政治教育研究》，《学习论坛》2016年第11期。

③ 邓纯余：《社会空间理论视野中的思想政治教育》，《学术论坛》2013年第4期。

④ 陈宗章：《社会场域中思想政治教育现代转型的动力探析》，《求实》2014年第4期。

第一，对高校思想政治理论课教学空间概念的界定不清。由于目前直接针对思想政治理论课教学空间这一主题的研究成果只有寥寥几篇，从中可以看出学界对于思想政治理论课教学空间这一概念的认知还十分含混。结合思想政治教育空间的相关文献来看，学界目前对于“思想政治理论课教学空间”和“思想政治教育空间”范畴划分不明、层次不清，常常出现相互替换使用的情况。

第二，对高校思想政治理论课教学空间本质与特征的把握不够。只有对事物的本质内涵和基本特征有了准确的把握，才能抓住事物的核心特质，使研究具有自身的独特性和价值性。思政课教学空间不仅具有教育属性，同时还具备空间属性和社会属性，是具有鲜明的意识形态特色的、流动的、多维的社会实践空间领域。

第三，对高校思想政治理论课教学空间历史演进的分析尚属空白。目前，学界基本没有对思想政治理论课教学空间演进的历史进程进行分析和梳理的。然而，只有对事物的发展进行历史的、逻辑的总结与推演，才能更好地挖掘其背后空间演进的动力，从而进一步深刻解读当下思想政治理论课教学空间的现实境遇，剖析出问题根源，再以问题为导向来构建与拓展新时代的思政课教学空间。

第四，对高校思想政治理论课教学空间的构建与开拓欠体系化。有个别专家提到思想政治理论课教学要树立全新的空间观，处理好有限与无限、现实与虚拟、计划与需要之间的关系，但在后续的空间系统建构中却仍然只从教学队伍、内容、方法、组织等涉及思想政治理论课课堂教学活动的元素出发，无法构建起真正与空间匹配的科学化、系统化的体系。

鉴于此，本研究以问题意识为导向，力争在一定程度上填补思想政治理论课教学空间研究些许空白，进一步丰富和拓展本领域的研究，并着力从以下几个方面做出努力：

一是对高校思想政治理论课教学空间进行概念界定。对思想政治理论课教学空间的基本含义给出界定，并作出内涵解析，分析思想政治理论课教学空间基本特征的形成和表达，并进行相关概念辨析和理解，用以指导后续研究的开展。

二是仔细梳理和分析高校思想政治理论课教学空间的历史演进、需求动力与基本机制，从内容、方法、环境、教育者与受教育者等要素入手，结合思想政治理论课教学空间内部的各类需求动力，努力探索思政课教学空间演进的基本机制。

三是切实分析高校思想政治理论课教学空间的现实境遇，把握思想政治理论课教学空间中按照不同类别划分的各类空间子系统发展的优势，指出其在现实发展中面临的困境。

四是着力创新高校思想政治理论课教学空间的优化与拓展路径。借助空间学、地理学、生态学、制度学等学科的理论与方法，探讨思想政治理论课教学空间的系统构成，在促进本研究领域系统化的同时也希望能有助于学科发展的科学化。

二 国外研究现状述评

检索国外文献，以“Study on Teaching Space of Ideological and Political Theory Course”或者“Study on Teaching Space of Moral Education Course”为关键词进行搜索，搜索到的词条为零。逐步缩小关键词范围，直到以“Study of Teaching Space”，即“教育空间研究”才搜索到几篇期刊文献，但参考意义较小，因此主要从基本理论研究角度来进行分析与探讨。

虽然以“高校思想政治理论课教学空间”为关键词几乎找不到直接相关的外文文献资料，但是国外对于空间和教育教学空间的关注由来已久，相关的基本空间理论和教学理念还是有一定的参考价值。

首先，关于空间的研究。空间意识可以追溯到公元前，后来逐渐被遗忘或掩盖，到了19世纪中叶，由于实践哲学、现象学、人类学、西方马克思主义和后现代主义等思想的传播与交融，人们得以存在的“生活世界”开始逐渐回归，那时候的空间研究主要集中于城市公共空间，尤其以日常生活的视角，研究人与公共空间的相互作用关系。之后随着哲学、地理学、生态学、环境学、社会学等学科的发展和认知水平的提高，尤其是20世纪“空间转向”研究的兴起，其内涵与外延更加丰富，关于空间问题的思考与探索呈现跨学科态势，代表人物有列斐伏尔、福柯、卡斯特、詹姆逊、哈维、苏贾等。他们研究的共通之处在于，都突破了以往的时间、历史、线性等观念，更多地以空间的、社会的、地域的、文化的多维度视角来看待空间的发展，更关注空间与生产、空间与权力等之间的关系，引发了空间研究新的研究范式、言语模式、解释框架的变革。

其次，关于教育教学空间的研究。国外对于教育教学和空间关系的研究也是由来已久。卢梭就主张在儿童教育方面，给予他们更多的自由和活动空间，以此来更好地学习和了解外部空间。到了19世纪，美国和加拿大的部分教育学者开始关注教育空间的功能与组织分化对空间内受教育者主体的影响。他们认为，教育空间应该根据教育目标的构成和需要来进行差异化、多元化的设置，由于很多教学互动的开展并不是孤立的，因此空间的位置设置与安排还要考虑到教学活动的关联度和逻辑性，这表明，此时研究者们对于教育教学空间的研究已经开始关注其内在联系，不再将其看作是相互隔离的了。20世纪以来，随着社会成员交往的深化，个体所处的空间已经得到极大拓展，开始更多地与外部空间要素进行互动交流。美国教育家巴格莱认为，学校教育功能的独特之处在于其能突破受教育者以往所处的时空界限和各类空间体验，不断增加在其他空间领域的社会体验，在获取更多知识的同时还能收获全新的实践经验。教育家杜威则主张教育空间与社会及生活空间的融合，而不是隔离，既保持各自的空间特性，也要促进空间要素的沟通交流。教育思想家亨利·吉鲁对于教育空间的研究更深入和系统，他认为对于教育空间的研究需要将其放置于社会场域之中，且包含主体之间的话语交往和意义传递，指导教育空间的价值理念是社会主体基于政治力量规范的构建，而不是一种先验的存在。

综上所述，对空间以及教育空间领域的研究在国外历史已久，理论深厚，虽然当前对于此领域的研究相对较少，但对于教育教学空间的领悟与认知，以及与社会空间、文化空间的相互交叉与作用关系的思考，还是颇具借鉴意义。因此，对思想政治理论课教学空间的探索与构建要以更加深入、系统的空间问题意识，进行具有理论和实践双重意义的思想政治理论课教学空间的创新开拓。

第三节　研究思路与研究方法

一　研究思路

首先，借鉴我国古代和西方空间思想的有益部分，在马克思恩格斯空间理论的指导下，结合国内外现状对高校思想政治理论课教学空间概念作出基本界定，阐明其内涵与特征。

其次，分析高校思想政治理论课教学空间的功能与结构及其演进历程，依据不同空间构成要素进行梳理和总结，挖掘出思想政治理论课教学空间演进的内生动力。

再次，结合高校思想政治理论课教学空间的现实情况，进行课堂与学科空间、现实与虚拟空间、制度与非制度空间的优势解读与困境分析，找出思想政治理论课教学空间发展的问题之所在。

最后，在多学科理论资源的支撑下，从课堂空间、学科空间、现实空间、虚拟空间、制度空间和非制度空间六个维度，对高校思想政治理论课教学空间进行创新开拓。

二　研究方法和总体框架

本书研究方法涉及宏观与微观两个层面。宏观上，历史唯物主义与辩证唯物主义是开展研究的指导思想，此外，历史与逻辑的统一以及归纳与演绎的结合等也必不可少。微观层面上的具体研究方法囊括以下几种：

文献研究法。对高校思想政治理论课教学空间进行研究首先就要基于对现有相关文献的整理、归纳与分析，这是本研究展开的重要基础。

系统研究法。高校思想政治理论课教学空间概念的提出就是出于系统化思维的考量，是一个涵盖了教学与学科、现实与虚拟、制度与非制度不同类别空间子系统构建的体系，系统化、科学化的研究方法是多维度多层级地构建思想政治理论课教学空间所必须具备的方法论意识。

比较研究法。无论是中西方理论基础与思想源流的比较借鉴，在研究过程中对于教育学、哲学、文化学、传播学、心理学、地理学等不同学科理论的比较研究，还是对高校思想政治理论课教学空间不同空间子系统类型的划分与构建，比较研究法都是本研究所运用的重要方法之一。

实证研究法。高校思想政治理论课教学是一项实践性极强且具有特殊意义的社会实践活动，故而包括问卷调查法在内的实证研究法是引导思想政治理论课教学空间根据实际情况合理优化与拓展的重要研究步骤与方法。

本书试图在马克思恩格斯的空间理论、中国古代的空间思想以及西方世界的空间理念等理论基础和思想资源的基础上，明晰高校思想政治理论课教学空间的本质与特征，从而结合空间演进历史和空间现实境遇的分析和解读，构建六个维度的高校思想政治理论课教学空间体系，如图1－1所示：

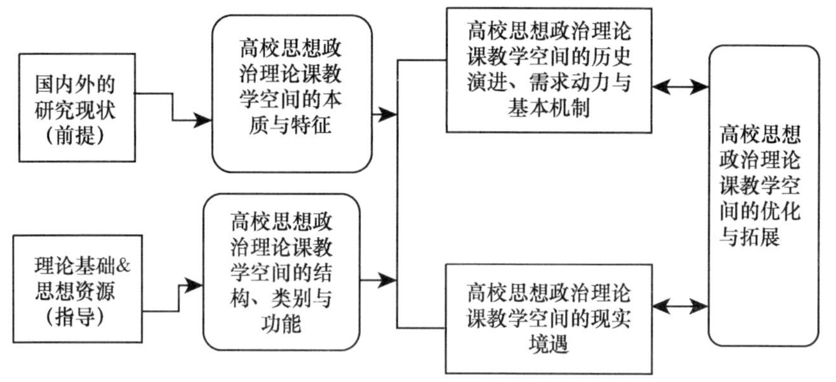

图1－1　研究整体框架

第四节　主要难点与创新

一　主要的难点及解决办法

在研究过程中可能遇到问题是：高校思想政治理论课教学空间的内涵深邃，其空间机制的建构需要社会学、地理学、传播学、生态学等扎实的学科知识作为支撑，如何科学地界定其本质和特征，如何确保空间体系的构建具有科学性、整体性、社会性、前瞻性。

解决办法为：认真听取导师指导意见，同时密切跟踪国内外学界研究动态，认真研读相关著作和成果，不断训练逻辑推理和观点提炼能力，扎实理论功底，夯实科研能力。

二　可能的特色与创新

首先，开辟了崭新的研究视角。目前为止，几乎没有将高校思想政治理论课教学空间作为主题来进行书稿研究的，仅有的寥寥数篇有一定关联的学术成果对于思想政治理论课教学空间的理解和把握相对局限，深度不够。本选题以“高校思想政治理论课教学空间”作为研究命题，旨在一定程度上填补这一领域的空白，促进思想政治理论课教学活动的开展以及思想政治教育学科的发展。

其次，尝试性地对高校思想政治理论课教学空间的本质和特征进行界定和归纳。思想政治理论课教学空间的内涵丰富，对其本质含义和基本特征进行认知与挖掘可以丰富主体精神空间，同时还可以实现其行为空间的价值统一。同时思政课教学空间作为社会空间的有机组成部分，为个人在社会空间的发展提供精神动力和价值指引以及维护社会空间的稳定，空间属性、教育属性和社会属性成为提炼其本质和特征的核心要义。

再次，创新式地开拓构建高校思想政治理论课教学空间。思想政治理论课教学空间与其他空间相比显著不同，前者具有明显的意识形态性，基于自身构建的根本目的，思想政治理论课空间的开拓不仅要求有理论深度，更要具备实践效度。当前，我国的社会发展强调人与自然的和谐，强调共同体的建设，网络技术的飞速发展也带来了数字化生存的挑战，因而，思想政治理论课教学空间如何按照不同划分标准构建起课堂与学科空间、现实与虚拟空间、制度与非制度空间，是一个全新且极富挑战性的命题。

第二章

高校思想政治理论课教学空间研究的理论基础与思想资源

社会个体在空间交往的过程中形成对空间的独特认知，将其空间经验进行概括之后所形成的空间概念，既是对自我认知的总结，也是对空间属性的一种反映。随着个体的成长以及参与空间实践的不断深入，其积累的空间经验以及对空间的认知逐渐从感性向理性提升，所具有的空间概念开始呈现出多样化、复杂化趋势。

党的十九届六中全会审议通过的《中共中央关于党的百年奋斗重大成就和历史经验的决议》指出，中国共产党的百年奋斗史展示了马克思主义的强大生命力，马克思主义揭示了人类社会发展规律，是认识世界、改造世界的科学真理。同时，党的百年奋斗经验昭示，马克思主义基本原理需要结合中国的实践不断发展，坚持同中国具体实际相结合、同中华优秀传统文化相结合。据此，思政课教学空间研究的理论溯源，必然要从马克思的空间理论以及中国社会的传统空间思想开始，当然，还需要吸取和借鉴西方世界的优秀空间理念，这些对于深化思政课教学空间研究都具有深刻的理论与实践指导意义。

第一节　马克思主义的空间理论

在马克思恩格斯对资本主义社会的本质以及社会运行机理进行分析的过程中，空间视角与维度在不同时期与状况中都有所呈现。空间是物质存在的方式以及运动的场所，当其与社会生产和人类交往结合之后，空间概念就被赋予了社会实践的多重意蕴。空间形态开始向社会化、文明化发展，与人类的生产生活息息相关，结合不同的实践活动逐渐形成各自独立又相互关联的空间场域，各类空间的交流、整合、创新自此不断发生，空间要素与空间形态之间相互作用、相互形塑。

一　马克思主义时空观

时间与空间的概念自古希腊已有之，经过几个世纪的发展，辩证唯物主义认为时空与物质的运动相互关联、密不可分。一方面，物质的运动需要一定的时空，“世界上除了运动着的物质，什么也没有，而运动着的物质只能在空间和时间中运动”①；另一方面，时空也不能脱离物质存在，是物质的固有属性之一，“物质的这两种存在形式离开了物质当然都是无，都是仅仅存在于我们头脑之中的空洞的观念、抽象”。② 此外，无限性、绝对性与客观性被辩证唯物主义理解为时空的本质属性，同时也没有否认时空具体形态中所包含的有限性、相对性与多样性。辩证唯物主义所秉承的时空观被认为是自然时空观或者传统时空观，未将人这个因素涵盖于时空认知当中。

与辩证唯物主义的自然时空观相比，马克思主义时空观则是将人与社会的互动与发展囊括到时空观的内涵当中，马克思主义时空观更多地属于一种社会时空观。时间与空间是马克思研究人类发展历史的双重视角，意在指涉社会的发展离不开所处的特定时空环境，人类应具备的不仅仅是自然时空观这一维度，还需要更加关注社会时空的维度，二者结合才是马克思主义时空观的核心内容。

因而，对马克思主义时空观应当从自然与社会两个维度来进行相对完整的理解。时间表现为两种样态：一是自然时间，是物质存在和运动的持续性，它反映自然界本身的相互作用与相互关系；二是社会时间，是社会活动的持续性和顺序性，表现为人类活动存在和活动过

---

① 《列宁选集》（第二卷），人民出版社 1995 年版，第 137 页。

② 《马克思恩格斯选集》（第四卷），人民出版社 1995 年版，第 343 页。

程的久暂，一活动和另一活动及它们依次出现的先后顺序及间隔的长短。空间也表现为两种样态：一是自然空间，是自然物质的广延性，它是传统唯物辩证法意义上的所指；二是社会空间，是指社会运动的广延性，它表现为一种人类活动发生发展的场所，不同人类活动彼此之间的并存关系或分离状态，可以是以实体形式存在的人化自然，也可以是以关系形式存在的人文空间。社会时空具有结构性、延展性和开放性特征。[①]

马克思主义时空观体现出动态化、开放性的特点，这对于马克思主义中国化以及中国特色社会主义理论的形成与发展，乃至新时代党和国家的治理都有不可忽视的理论指导作用，也为思想政治理论的教育教学进一步开拓了时间与空间。

二　空间发展

对于时间与空间的本质认知是马克思主义空间理论所蕴含的最基本内涵，空间全球化的趋势所引发的社会发展的变化也是其空间思想的组成部分之一。20 世纪 80 年代以来，随着科学技术的改革与发展，世界各地的市场、生产与竞争都呈现出愈加深入的全球化趋势。各民族、各地区都不约而同地、不同程度地卷入了全球化的进程，从最初的经济领域逐渐延伸到文化、政治、生态等各个领域，例如民族国家的权力已经开始受到了侵蚀，经济空间已经开始与其他空间出现分裂，文化领域中开始出现各类社会思潮和价值理念的交流与碰撞。从某种意义而言，全球化的出现引发了空间的不断建构与重构，在促进空间要素交往的同时也加快了世界空间社会化的进程。

其实，早在 15 世纪欧洲大航海时期全球化的进程就已然开始了。那个时候资本主义刚刚开始发展，为了争夺空间资源和拓展资本运行空间，资本主义国家的船队开始了对海上空间的探索与开拓。马克思

---

① 李俊文：《马克思主义哲学中国化的社会时空问题研究》，《哲学动态》2011 年第 12 期。

和恩格斯在《德意志意识形态》中对全球化的本质与进程做出了深刻论述，指出："它首次开创了世界历史，因为它使每个文明国家以及这些国家中的每一个人的需要的满足都依赖于整个世界，因为它消灭了各国以往自然形成的闭关自守的状态。它使自然科学从属于资本，并使分工丧失了自己自然形成的性质的最后一点假象。它把自然形成的性质一概消灭掉（只要在劳动的范围内有可能做到这一点），它还把所有自然形成的关系变成货币的关系。它建立了现代的大工业城市——它们的出现如雨后春笋——来代替自然形成的城市。"① 马克思恩格斯认为，大工业的发展促进了科学技术的进步和生产、交通工具的开发，大大提高了生产效率与交往频率，资本发展的强大动力将之前从未有过关联的广大地域民族与国家联系起来了，这就是促使全球化形成的开端，同时，全球化的开始也必然会打破以往传统的、相对封闭的各地域空间，使全世界地域空间朝更加开放的方向发展。

列宁领导俄国十月革命最终取得胜利，也是源于当初以世界历史发展的眼光来看待和分析帝国主义，在全球化发展的背景之下找出了帝国主义的薄弱之处，最终把握住了社会主义革命的空间与契机。在社会主义制度确立之后，为了应对国外的武装干涉和国内的反动势力，苏维埃政权实施了一系列的战时共产主义政策。其政策的颁布是为了巩固刚刚建立的苏维埃政权，奠定了社会主义发展的公有制经济基础，然而其政策的实施带有一定的强迫性，在隔绝外界要素干扰的同时也封闭和隔离了自身空间，在一定程度上违背了政治、经济与社会的发展规律。显然，列宁也认识到了这一点，当俄国所处的国内外政治经济条件有所变化和缓和后，列宁便着手改变战时共产主义政策，开始将国家的发展置于全球化的空间背景之中，随之提出了"新经济政策"。新经济政策的提出使得俄国开始重视市场的发展、商业的发展，开始借鉴资本主义国家在社会运行和管理各方面的方法与技术，以全球化的思维来推动社会主义国家建设。随着新经济政策的实施与推动，

① 《马克思恩格斯文集》（第一卷），人民出版社2009年版，第566页。

社会主义经济开始逐步与世界经济接轨，开始融入全球化经济发展的空间领域。然而遗憾的是，这种全球化思维之下的良性发展在列宁逝世之后没能继续实行，取而代之的是在政治与经济领域的高度集中管理，推行两个平行市场，从此形成了自我封闭、孤立的发展思路。尽管在一定的时空范围之内这种集中式管理也能一定程度地推动社会发展，但不久之后经济社会开始出现活力不足、结构失调等弊端和问题，同时由于完全否认市场经济的价值而且片面强调与资本主义的对立，把自身排除在全球化的进程之外，使得之后在全世界的竞争中后劲不足，为日后的经济崩溃和政局动荡埋下了巨大的隐患。

全球化的时空背景也为我国的社会主义建设拉开了帷幕。恰是基于全球化空间要素的流动，马克思主义传入中国，中国革命和社会建设有了对比和参照，改革开放的信念更加坚定。回顾历史，我国也曾以阶级斗争为纲，奉行单一的计划经济体制，也曾采取过中央集权模式而使自身空间与全球化进程相互隔离，致使马克思主义中国化呈现出教条化趋势，社会发展活力不足。1978 年改革开放的重大举措开始在中国实行，体现出中国将国家建设与社会发展自觉融入全球化的意识和觉悟，自此中国的社会主义空间建设开始不断融入世界空间发展的大环境，各项事业目标的制定都以全球化空间发展为背景与参考，努力设计与世界发展同步的中国道路。这项伟大社会实践的成功也证明了中国的建设以及社会主义的发展不能脱离全球化空间思维，对世界空间的意识自觉是考量社会发展问题的前提，然而，也需要清醒地看到当前资本主义仍然是全球化舞台上的主角，也要更加充分了解全球化空间要素形态的分布与交往状态，为社会主义的发展赢得更多的有效空间。

三　空间变迁

除了空间的发展，不同社会空间的变迁也是马克思主义空间理论中所蕴含的重要思想要素。马克思在《资本论》中就对于城市空间与乡村空间的建构与变迁做出了详细描述。马克思指出：“日耳曼的公社并不集中在城市中；而单是由于这种集中——即集中在作为乡村生活的中心、作为农民的居住地、同样也作为军事指挥中心的城市中——，公社本身便具有同单个人的存在不同的外部存在。古典古代的历史是城市的历史，不过这是以土地所有制和农业为基础的城市；亚细亚的历史是城市和乡村的一种无差别的统一（真正的大城市在这里只能看做王公的营垒，看做真正的经济结构上的赘疣）；中世纪（日耳曼时代）是从乡村这个历史的舞台出发的，然后，它的进一步发展是在城市和乡村的对立中进行的；现代的［历史］是乡村城市化，而不像在古代那样，是城市乡村化。"[①] 从上述关于城乡空间变迁的描述中不难发现，马克思认为空间的演变在不同的社会发展阶段会呈现出不同的样态，空间变迁与社会发展之间形成了相互形塑的巨大力量。与此同时，不难看出空间的变迁与社会的发展具有内在的历史逻辑统一性，即古代城邦国家表现出城市乡村化，亚细亚社会则出现了城乡统一，城乡对立在日耳曼时代显现，而在现代社会中则是逐渐乡村城市化，最终在共产主义社会城乡之间的差异将消失。另一方面，马克思认为传统空间与现代空间之间要素的不断交流与融合是促使乡村城市化的重要前提，这源于当时大工业生产对人类社会空间带来的巨大改变的认知，马克思这种具有辩证性的推断与思维对我们今天的新农村建设、城市化建设乃至思想政治教育教学工作都具有极高的理论价值。

恩格斯也注意到了社会空间结构的演变及扩张与城市化进程之间的关系。他在《英国工人阶级状况》中生动而详细地通过数据比较和打比喻的方式描述了这种现象："这种工业的中心是兰开夏郡，兰开夏郡是棉纺织业的摇篮，棉纺织业使得兰开夏郡发生了深刻的变革，把它从一个偏僻的很少开垦的沼泽地变成了充满生机和活力的地方；这种工业在80年内使兰开夏郡的人口增加了9倍。居民共达70万人的利物浦和曼彻斯特这样的大城市及其附近的城市，如博尔顿（6万

① 《马克思恩格斯文集》（第八卷），人民出版社2009年版，第131页。

居民）、罗奇代尔（75000 居民）、奥尔德姆（5 万居民）、普雷斯顿（6 万居民）、阿什顿和斯泰利布里奇（共 4 万居民），以及其他许多工厂城市，就像是用了法术一样，一下子就从地下变出来了。”① 从恩格斯的描述中我们可以直观发现城市化的发展对人口结构产生了巨大影响，然而在这背后更深层次的改变则是城乡二元结构的出现，而这一切是基于社会空间之中人们对于实际需求和生产力发展的需求的满足，城市空间与乡村空间之间的不断变迁对于整个空间要素产生着持续不断的作用，而社会空间本身也因为要素的相互交往与互动不断被形塑。

我国的城市化进程在改革开放之后也开始加速推进，据统计数据显示，截至 2021 年末，我国城镇常住人口为 9.1 亿，是 1978 年 1.7 亿的 5.3 倍。经过几十年的发展，我国的城市化空间扩张迅速，农村空间不断缩小。实际上，还有相当一部分人虽然户籍上仍然属于农村人口，但他们绝大部分时间都在城市里从事相关工作和居住生活，在城市和农村之间不断往来。因此，在我国的城市化进程中，虽然城乡结构在一定时期内还会继续发生变化，但是他们已不再是以往的对立结构，农村与城市空间要素会在很长一段时期内在政治、经济、文化、生态领域内相互交往、相互流动，而整个社会空间的变迁则会不断发生解构与重构。

四 空间差异

马克思主义的空间理论思想内容丰富，涉及诸多领域，尤其是关注当时无产阶级的空间生存状况，因此在关注空间的发展与变迁之外，关注资产阶级与无产阶级之间的空间差异自然也是题中之义。阶级的产生是基于私有制的形成以及剩余产品的出现，阶级的划分是由人们在社会经济结构中不同的地位和关系而决定的。一旦阶级出现，并且其成员在其经济空间中稳定下来，阶级内部的力量也会促进所处经济

① 《马克思恩格斯文集》（第一卷），人民出版社 2009 年版，第 394—395 页。

空间向外部社会空间的延伸，此时空间会反映出主体成员的经济状况，也会强化其空间身份与生活质量。换言之，不同阶级生存空间的状况由不同的经济因素决定，而由物质基础和环境及文化等因素造成的空间性阶级差异也对空间主体有不同程度的制约。马克思对于空间之中阶级差异的思考主要体现在对社会生产实践的分析当中。他说道："劳动生产了宫殿，但是给工人生产了棚舍。"① 马克思明确指出，虽然无产阶级与资产阶级都有劳动生产实践，但其实践对于二者而言在生存空间领域所带来的意义与结果的差异十分巨大，"生产对富人所具有的意义，明显地表现在生产对穷人所具有的意义中；对于上层来说总是表现得讲究、隐蔽、含糊，是表象；而对于下层来说则表现得粗陋、明白、坦率，是本质。工人的粗陋的需要是比富人的讲究的需要大得多的赢利来源。伦敦的地下室住所给房产主带来的收入比宫殿带来的更多，就是说，这种住所对房产主来说是更大的财富，因此，用国民经济学的语言来说，是更大的社会财富。——正像工业利用需要的讲究来进行投机一样，工业也利用需要的粗陋，而且是人为地造成需要的粗陋来进行投机"。② 从中可以看出，粗陋与狭小的生存空间是无产阶级空间生活的反映，这种贫穷的生活空间越是稳定，就越表征着资产阶级生活空间的富有，体现出两个阶级的空间状态与相互的空间关系。

诚然，个体的主体性受到所处空间的限制，而空间本身也促进个体主体性的产生与发挥，不同的空间会产生不同的主体性状态。个体生活在空间内部之中，会表现出不同种类的情绪与状态，或高昂，或低落；对于外部的生活空间，无论是生活品质还是地位身份都会被贴上不同形式的空间标签。而对于这不同生存空间的认知与比较，会使人们对其合理性产生一定程度的怀疑。就像马克思所说："一座房子不管怎样小，在周围的房屋都是这样小的时候，它是能满足社会对住

① 《马克思恩格斯文集》（第一卷），人民出版社 2009 年版，第 158 页。

② 《马克思恩格斯文集》（第一卷），人民出版社 2009 年版，第 229—230 页。

房的一切要求的。但是，一旦在这座小房子近旁耸立起一座宫殿，这座小房子就缩成茅舍模样了。这时，狭小的房子证明它的居住者不能讲究或者只能有很低的要求；并且，不管小房子的规模怎样随着文明的进步而扩大起来，只要近旁的宫殿以同样的或更大的程度扩大起来，那座较小房子的居住者就会在那四壁之内越发觉得不舒适，越发不满意，越发感到受压抑。”①

可以看到，个体的主观愿望是不能阻止资本向社会空间渗透的，也不能改变不同阶级空间的差异。市场经济的本质及其运行的规律使得仅仅依靠市场“这只手”是无法调节和纠正这种空间失衡的。社会主义制度空间优越性在此显现。我国推行的保障性住房政策就是一项惠及民生、缩小空间差异、促进社会和谐的重要举措。党和政府为了解决中低收入家庭的住房困难，协调动用多方资源和多种手段，通过各种方式来提供保障性住房，保障了社会空间中困难群体的住房权益，缩小了生存空间差异，促进了社会空间的稳定。同时，保障性住房政策的实施，可以减少和抑制房地产行业的过度投资而导致的社会资源分配不均问题，一定程度上减少投机行为的产生，也能够避免对于弱势群体生存空间的挤占，有利于整个社会空间的产业分布与结构调整，促进我国社会经济持续、稳定发展，在缓解空间矛盾的基础上维护空间秩序的稳定。当然，对于空间差异的关注与分析也是思想政治教育教学差异化开展的前提。

五　空间正义

在马克思主义的空间思想中，空间正义问题也是其关注的焦点，尤其是无产阶级和资产阶级的生存与生产空间面临着巨大空间差异，空间的公平正义自然成为其理论思想的关注点之一。资本主义的迅速发展营造了一个由资本运行支撑的商业世界，在这个资本社会空间之中一个个商业中心不断崛起，公路、机场不断扩建，城市规模急剧扩

① 《马克思恩格斯文集》（第一卷），人民出版社2009年版，第729页。

张。但是，全球化、城市化进程的加快必然导致空间资源流动和消耗的加速，这就会导致空间资源的激烈争夺，而此时调整好空间正义天平的平衡，缓解空间关系的紧张则是各个国家在社会治理中必须面对的问题。空间关系的失衡可以表现为一个国家内部不同阶级之间的竞争，也可体现为国家之间对于领土空间的争夺；可以是对实体物质的生产与扩建，也可以是对精神意志的影响与渗透。资本主义社会空间资源的分配已然体现出其空间生产已成为维护阶级利益的工具。

其实，空间正义存在于社会空间的方方面面，正义观体现在经济空间、环境空间、资源分配等诸多领域。马克思和恩格斯的部分著作也反映出无产阶级开始对自身所处的空间位置和应当获取的空间利益的关注。

当然，对于空间正义的维护是基于对空间成员不同利益进行的协调与安排，旨在处理好整体与局部、长远与眼前、多数与少数、集体与个人利益的关系。在纷繁复杂的空间交往关系中，需要考量不同的结构体系以及空间资源的发展与分配，涉及政治、文化、社会、制度、生态等不同空间领域的要素支配、维护、运用及拓展，还需要以更加开阔的空间视野来协调空间正义。

马克思恩格斯对于空间正义的考量是蕴含在对整个资本主义生产力与生产关系的深刻思考当中的。对于社会生产整体运行以及政治结构与秩序的深入分析，以社会空间化的思维关注各类交往关系，将正义观思维融入对城乡结构的变迁、商品经济的发展以及阶级利益的分化当中。同时马克思恩格斯还注意到，空间的生产、分配、拓展，以及生产关系的解构与重构也与空间正义的实现程度以及全球化进程互相关联。

总而言之，马克思主义的空间思想十分丰富。无论是最初的时空观，还是随着经济的发展、空间的拓展所形成的关于社会空间发展、空间变迁、空间差异以及空间正义等方面的空间思想都为我们理解社会发展以及资本运行提供了一个全新的视角，也为之后的空间转向研究奠定了重要的理论基础。

第二节　中国社会的空间思想

中国社会的空间思想囊括了古代社会始于敬天文化的空间认知与城邑聚落布局规划以及当代社会“八个统一”的规律性思政课空间建设指引。前者涉及山川崇拜、敬天文化以及聚落空间规划等领域，体现出中国古代先民的社会空间设计哲学理念；后者则是习近平总书记于新时代提出的思想政治理论课建设的创新方法论，体现出极强的规律性与总结性，对高校思想政治理论课教学空间内部的自我优化以及与外部社会空间的互动交往有着极为重要的指导意义。

一　始于敬天文化的空间认知

空间思想在中国古代早有发端，并见诸许多领域。中国古代的敬天文化、山川定位、礼制设置等无不体现出中国先人对于空间要素的理解以及空间知识的运用。

（一）观象授时与空间认知

中国人最初对于空间的认知与了解从敬天文化对空间的影响开始，逐一发展到立竿测影以及器物设计等，这里面包含着古代先人对于空间最基本最朴素的认知。

首先，敬天文化对空间的影响。天象、气象与物象是在原始农耕社会判断时令节气的主要依据，准确把握时节是当时人们赖以生存的必备技能之一。在原始农耕社会，人们没有别的途径，只能依据四季寒暑日月星辰的运行了解上天，只要其运行适宜，各种有生命血气的物类，就能各得其所、各安其生，可见对于天地气象空间的认知与掌握对于古代国计民生具有十分重要的意义。例如，在中国古代的观象授时体系之中，北斗星因十分接近天极的位置，常被古人用来观测天极之所在；此外，在中国古代，天时不仅仅是一个客观的物理时间，同时具有十分丰富的社会与政治含义，常常与礼法有着十分密切的联系，例如立春、立夏、立秋、立冬四个时节在古代就时常被用来举行隆重的礼仪活动。也正因为天象对于古代社会具有重要意义，因而在中国古代的官职体系当中很早就设立了天官、地官两个职位，使得观测天文的活动成为一种专门的职业。观象授时的社会实践促使中国敬天文化的形成，孕育了古代天人合一的哲学思想。

天圆地方的空间观念也是古代先民对于自己所处空间的最初认知。在中国古代，人们对于天的认知存在许多学派或流派，其中最著名的当属“盖天说”。据天文考古研究，盖天说应在六千多年前已然出现，后来散见于先秦的某些典籍，但系统论述盖天说的应是大约成书于公元前 1 世纪的《周髀算经》，“天圆如张盖，地方如棋局”乃其重要论断。此外，《晋书 · 天文志》《易 · 说卦》《大言赋》《周礼 · 考工记》等典籍对于“天圆地方”有着不同层面不同维度的描述，包括《周髀算经》在内的中国古代天文学与数学著作中关于天圆地方的认知，映射出立竿测影的重要作用，正是对于此种观测技术与观象授时和土地测量的长期实践与使用，才推动了盖天学说的传播与发展。

（二）立竿测影与律管候气

天文学家们认为早在新石器时代，人们就懂得如何利用观测天象来确定方位了，立竿测影便是中国古代最早使用的天文观测之法，《周髀算经》即是在立竿测影技术实践相当长的一段时间之后，利用其来推算一年四季之运行的。据《后汉书 · 律历志》《晋书 · 天文志》《宋史 · 律历志八》等典籍记载的晷影数据显示，晷影长度与太阳高度虽然不是呈线性变化，但还是表现出一定的规律性特征，譬如雨水节气前后的晷影差值最大而夏至前后的差值则最小，与之呼应的太阳高度角差值也对应着同样的时令节气。在古代观测天象的过程当中，二至、二分日中晷影的长度是当时天文观测中最基本的测量数据之一。

律管候气是中国古代判断二十四节气的“中气”是否按时到来的方法。古代先民在进行农事活动之时，需要有判断气候条件的具体依据，律本来是指乐器律管或者乐器调音之规律，与气候无关，但“邹衍吹律，寒谷可种”的传说使得古人把律管与气候联系在一起。古代先民依据晷影测量得出的管律真数检验相应的候气与晷影关系，从而得出合与不合的结论并随之校验与调整。

（三）九五之数与方位夹角

在中国古代汉语文化之中，9、5 两个数字具有十分特殊的地位，被称为天数。九五在中国古代代指帝王之位，皇帝是上天之子，被称为九五之尊。此外，从诸多典籍之中也不难发现，九五天数在天象观测当中出现的频次很高，比如二至晷影之比约为 1 比 9，二至晷影与二分晷影相减之差比例约为 1 比 5，甚至在用于观测天象的工具当中也有九五天数的意义表达，例如 1987 年在安徽含山县出土了新石器时代的含山玉龟与玉版，玉龟一般被认为是天地空间的象征，背为穹、腹为地，在当时为观象授时的常用工具，根据当时的挖掘简报，出土的玉版顶部有九孔且两边各有五孔。除天象观测之外，九五之数及其比例在中国古代的建筑规制之中并不少见，最典型的便是明清北京内城的东西均长与南北均长之比，以及轴线的重要节点与东西位置的确定等，中国古代对于九五之数的运用可见一斑。

在中国古代的观象授时实践中，除了九五之数之外，一些特殊的方位夹角也具有特殊的含义，例如，60°常常与时令节气的观测有着相对紧密的联系。古代先民通常会通过太阳或其他行星在天空中相对位置的变化来判断节气，在这一点上，雨水、处暑等都是十分重要的节气，如冬至到雨水的时长大约为 60 天，一天为一度，则太阳移动的子位相差大约是 60 度，为一常数，同时古人通过对称理念，找到与雨水相对的处暑节气，以此推算出重要的农耕时节，因处暑为谷物成熟的季节。

（四）聚落环境与山川空间

聚落是指人类生活和聚居的场所，乃各种聚居地的总称，不仅包含各类房屋建筑，还囊括了与居住相联系的生活与生产设施，是人们居住、生活，以及进行各项社会活动和生产劳动的场所。聚落的形态与类型都与当地的地理环境具有十分密切的关系，也反映着该地区的经济文化发展水平与风土人情等。人类早期的聚居地一般会选择气候、地形等自然条件优越、资源丰富的地方，世界上历史最悠久的文明大都起源于大河附近相对干燥、土地肥沃的地方。中国是一个山地多、平原少的国家。地势整体西高东低，同时受季风气候影响，一年之中降水量有很大变化，有的地区旱灾严重，另一些地区则洪涝灾害严重。正是鉴于中国特殊的地理环境，古代先民对于地形地貌与水源和气候的关系十分关注，聚落环境的考量也大多是在靠近水源但又能防止洪涝灾害的环境空间，古人建造聚落居住区时通常涉及治水实践，因此中国古代的空间意识往往带有大尺度、超宏大的地理观念和空间哲学理念。

由于我国是一个多山的国家，又需要择水而居，古代人们很早就对山水有了较为深刻的认知，形成了最初的山川崇拜，进而逐渐发展成为山水文化。据说舜从尧处继承帝位后，用璇玑、玉衡等观象器具来确定星辰是否运行正常，遥望拜祭山川，以确保政权的合法性，表达遵守天地次序之意，望祭山川也是为了进一步加强管理。再后来，山川崇拜逐渐发展为山岳文化。三山五岳，青龙白虎，社会价值赋予了山川以本来不存在的方位与尊卑意义，其一旦被社会所接受，就会成为独立存在于山川空间的意义体系了。

（五）古代礼仪与空间文化

自新石器时代到先秦乃至秦汉以后，中国的礼制由最初的祭祀文化、堪舆术到周朝的三礼，再到经济区域的形成乃至古代社会的政治统治，礼制在其中都扮演着不可或缺的角色。礼制的形成目的就是通过礼仪规范来塑造人们的思想与行为，维护礼法的权威，如古人治水，一方面是为了防御洪涝灾害，另一方面也是借助山川文化来塑造社会秩序的一个过程。随之在后来的六艺当中，礼自然作为一项重要内容不断地被学习、实践与传承。随着古人对礼制的尊重以及社会政治、文化、科技等的发展，礼制渗透到社会空间的方方面面，例如政治制度的制定与城市建设的规划等，礼制文化在社会空间领域中逐渐开始走向体系化。

其中，《周礼》应当是中国古代礼制于空间体系化展现的重要典籍之一，体现在国家等级划分、诸侯治理、军队建设、人口统计等各个方面。周公在继位之后建立国家，首先要体察国家四方的国境空间，辨正方向，以便定都，并且将都城划分为若干区域，有的为官宦所居，田地则分给百姓来耕种，以此来治理国家。《周礼》当中还不乏具体的国土划分与掌管细则，并且与人口、良田与军队等成比例，古人对于空间的认知呈现出系统化趋势，对于空间的规划已逐渐走向体系化。

二　城邑聚落布局的空间规划

从以上中国古代先民对于空间的认知发展历程可以发现，空间思想由最初基于生产生活必须掌握观象授时以及立竿测影等方法来判断时令节气的基本朴素观念，发展到之后为了维护社会稳定与天下治理而形成的山川崇拜与古代礼仪，空间意识已逐渐向系统化发展。因而，中国古代的空间思想开始逐步渗透到城邑设计、古城建造中，古代空间规划体系雏形开始显现。

（一）城邑空间布局

以周朝为例，周朝的邦国城邑是按政治、军事、经济、人口等多要素集于一体的空间思路进行设计的。首先基于以血缘关系为纽带的宗法制度建立起一套严密的政治体系，同时将城邑分为国、野两大空间领域，前者为城区，后者为郊外，二者形成相辅相成的空间组合关系。在军事上，国、野空间各自依靠固与险来进行防御，即前者主要依靠人工设险，后者则更多地依赖自然天险，二者互为补充。另外，在军队编制上也有较为严格的规划布局。军队编制与社会生产、赋税缴纳等形成了高度的契合性，其空间划分与管理的体系化程度得到加强。再者，田地划分也是城邑空间设计的重要内容之一，与城邑布局最直接相关的土地划分莫过于井田制的出现。井田制是中国古代社会的一种土地国有制度，最早出现于夏商时期，到了西周已经发展得相对成熟了，其得名主要是源于土地分割之后其方块形状和“井”字相似，因此被称为“井田”，其所有权归属周王，并且其土地分配具有严格的规定。井田制的出现，不仅仅是对于道路交通体系的划分，其用地布局也将空间领域内各层级类别的城邑有机联系在一起，形成了一个网格化的空间坐标体系。

（二）聚落空间规划

山川文化对于古代聚落选址和建造具有十分深远的影响，因此在空间规划中对山川要素的选取和运用也是较为常见且具有代表性的，尤见于中国古代皇城和古城的空间规划之中。例如“在明清皇城内，紫禁城居中，背靠景山，东有御河，西有南北二海。皇城内南北各有河道将二海与御河相连，以围合之势护卫着紫禁城”①。以紫禁城为代表的皇城规划建造，体现出当时的人们在空间规划时趋向于取聚落空间与山水环境为一体之势，此理念几乎贯穿于整个空间的设计与营造之中，这源于古代先民对山川文化的崇拜与笃信。古代皇城聚落空间的规划，除了在政治、经济、军事方面需要进行考量之外，对山水环境要素的选取也是营造空间的重要一环。再如作为十三朝古都的洛阳，北靠邙山，是其天然的防御屏障，保护其不受黄河水患侵犯。此外，洛阳城外有伊、洛等四水环绕并穿城而过，在便于百姓生活的同时，也有利于发展水上运输。中国古代的皇城空间规划、山水环境以及山川文化是都城选址与布局的重要参考指标与考量要素。

在中国古代除了皇城空间规划将山川要素作为重要参考标准之一，诸多古城聚落的规划与设计也同样如此，最具代表性的便是被誉为“中华第一城”的良渚古城。良渚古城位于浙江省杭州市余杭区瓶窑镇内，距今5300—4300年，在这一千年里形成了影响深远的良渚文化，代表着人类早期的城市空间文明。“古城遗址地处天目山与杭州北部冲积平原的交接地带，南、北、西三面有天目山山脉的支脉环绕，在遗址东面的崇贤镇以东，余脉再起峰峦，呈西南—东北走向。这是遗址所处的大的山脉围合形势。在外围山脉围合的空间内还有一圈小山围合。在这一山脉围合的空间中还有更小的山脉环绕在城的四周，它们距城中心的距离在2千米左右。城墙西南角和东北角分别借用了凤山和雉山两个自然山包，是目前发现的因山筑城的最

① 张杰：《中国古代空间文化溯源》，清华大学出版社2016年版，第192页。

早实例。"[①] 此外，良渚古城的外围水利系统乃是迄今为止中国最早的大型水利工程，共有11条堤坝遗址，具有防洪、灌溉、运输等功能，其坝址选取、结构设计、建筑工艺等都具有很高的建筑与社会价值，其水坝营建之浩大足以体现出当时良渚已具备了复杂社会空间的组织与管理能力。

（三）空间设计哲学

中国古代社会在进行各类社会空间的布局规划与设计时，无论是城邑、聚落抑或是相地，都会采用一套独特的空间设计哲学理念，空间单元的围合与流转、形与势的关系等都是在空间规划当中需要考量的要素。

在中国古代空间认知当中，围合性是空间设计所必须具备的要素之一。中国古代社会的各类空间大多为围合式布局，在形成有效区域边界的同时，还能营造出归属感与领域感，给予处于空间当中的人们进行社会交往的机会与环境，也有利于空间内部的要素管理。所谓围合，既指自身的围合，也意味着与自然环境的结合，比如中国古代诸多朝代的都城，除其自身具有严密的组织结构，其周围也多有山脉维护四方，即使从地形上无法满足围合需求，在营建过程中也会利用河流或人工构筑等方式使整个聚落环境围合布局更加完善。除了空间单元的围合性以外，在空间设计中单元的流转性也同样重要。如商周初期出现并于春秋战国时期相对完备的二十八宿体系，在天文史上具有相当重要的地位，是古代天文学家为了观测日、月及五星运行而划分的二十八个星区，每个星区既各自具有特殊含义又联系紧密，后逐渐广泛应用于古代的天文、宗教、风水等领域中，成为中国传统文化中不可或缺的一部分。

在空间规划当中，十分讲究形与势的关系，即要相对应、可转化。总体来说，形是指距离近、个体小、局部性、细节化的空间构成或者视觉效果，而势则指代距离远、个体大、整体性、轮廓化的空间特征。

---

① 张杰：《中国古代空间文化溯源》，清华大学出版社2016年版，第222页。

具体而言，形一般在百尺之内，势则一般以千尺为率。虽然形与势代表着近与远、小与大、个体与整体、细节与轮廓等带有对立性的空间组成，但是在各类空间当中，形与势往往统筹共存，在远近大小整体局部的不断流转变换当中相互转化，在整体以势为本的基础上权衡考量局部细节的空间要素之形态，才能营造出理想的空间之观。

综上观之，无论是地理空间还是社会空间，中国古代先民所呈现出的对于空间属性的认知以及对相关空间问题的考量体现出独有的智慧，并持续影响着后世人们对于社会空间的认知、理解、思考、规划与管理。无论是对于观象授时与敬天文化中天、地、人在中国古代时空体系之中的位置、关系与特征，还是将山川要素作为聚落空间在选址与营建上的依据与前提，抑或是合形辅势为空间构图和规划的重要原则，以及堪舆之术对空间环境的权衡，都反映出古代先民对空间的客观实在性、时空一体性、动态流转性等基本特质的深刻认知，为今后中国社会的空间设计与规划提供了宝贵的理论与实践财富。

思想政治教育教学是以培养符合社会主义意识形态的个体为价值旨归，要使学生养成正确的价值观与人生观，中国古代的空间思想虽然看似与教育教学关联不大，但其富有哲理与智慧的社会空间思想与理念，能够引发个体对于中国社会空间文化的理解与认同，并可以逐渐上升至对整个民族与国家的价值共鸣，为思想政治教育教学的开展打下良好的社会基础。

三　“八个统一”的规律性空间指引

2019 年 3 月 18 日，习近平总书记主持召开了学校思想政治理论课教师座谈会，在会上他提出了新时代思想政治理论课的改革创新需要做到并坚持“八个统一”。“八个统一”不仅对思想政治理论课教学进行了系统化、规律性的总结与表述，同时也为新时代思想政治理论课教学的发展与创新给予了科学的指引。故而，“八个统一”的提出，对于思想政治教育教学工作的开展乃至高校思想政治理论课教学空间的构建与优化具有十分重要的理论与现实指导意义。

“八个统一”的指导思想具有十分丰富的内涵。坚持政治性与学理性相统一，即在明确思想政治理论课本身所具有的政治属性以及以立德树人为根本任务的同时，通过学理分析来说服学生，通过讲清道理引导学生明晰事理，坚持政治性的同时注重学理性的提升。坚持价值性与知识性相统一，即思想政治理论课与其他课程的主要区别在于，其授课的主要目的除了知识的讲授和传递之外，更多的是对学生的世界观、人生观和价值观的树立和培养，知识是价值的载体，价值是知识习得的最终目的。坚持建设性与批判性相统一，即思想政治理论课首先要注重建设性意义的形成，正面传播主流意识形态，维护社会的稳定以及正确引导社会舆论，但批判地继承是马克思主义重要的理论品格之一，因此思想政治理论课的讲授还需要对各种错误思潮和观点展开大胆合理的批判，进一步维护主流意识形态的合理性。坚持理论性与实践性相统一，即马克思主义理论和中国特色社会主义理论是一套具有整体性、逻辑性的理论体系，具有较强的理论属性，思想政治理论课教学应该更加注重教学内容和教学方法的合理性与实践性，加强理论与实践的对接。坚持统一性与多样性相统一，即思想政治理论课教学是主流意识形态的引导和社会主义人才的培养，在教学管理方面具有较强的规范性和统一性，然而思政课的教学对象又具有极强的多样性，需要在实现最大化统一性的同时尽可能多地融合各种有益的教学创新和探索。坚持主导性和主体性相统一，即教育者与受教育者都是主体，都具有主体性，但不是没有区别或者不分先后，在思想政治理论课教学过程中应该首先研究受教育者的认知和成长规律，尊重学生群体的主体性，在此基础之上进一步发挥教师群体的主导作用。坚持灌输性与启发性相统一，即对于思想政治理论课的习得不会自发出现在受教育者的头脑当中，只有通过系统的传授，学生才能一定程度地了解和掌握马克思主义理论和中国特色社会主义理论，需要以问题意识为导入，结合现实生活和世情国情，提升学生的学习积极性，启发其对问题的分析与解决能力，以此来提高教学实效。坚持显性教育与隐性教育相统一，即包括思想政治理论课教学课堂在内的教育都属于显性教育，这符合“理直气壮”讲思政课的特点，但是教学空间其他要素，包括日常生活、校园文化、社会风气和生态环境等方面的隐性教育同样十分重要，显性教育与隐性教育二者需要合力共鸣、协同育人。

整体而言，“八个统一”不仅涉及思想政治理论课教育教学的基本性质、特点、方法与路径，每一个统一本身也具有十分丰富的意义与内涵，体现出思想政治理论课教育教学需要遵循的重要原则和当前需要解决的主要矛盾，能够在理论与实践上对高校思想政治理论课教学空间的拓展与优化给予重要指导。

第三节　西方世界的空间理念

中国社会的空间认知与规划，应该说更多的是将天地人合而观之，除了对于空间形态自身的朴素认知外，更将社会空间与传统文化囊括其中。与之相较，由于东西方文化及其思维方式之差异，各自对于空间概念的认知也有所不同，其空间理念多见诸多学科的空间观念以及具有一定代表性的空间理论之中。

一　多学科的空间观念

空间在西方世界最初是被当成一个独立于人之外的客观实在进行单独认知与研究的，而空间概念早在古希腊时期已经开始萌芽，涉及诸多学科领域，不同学科对空间的认知与考量有所联系，但又保持了自己独特的学科属性。

在哲学领域，形而上学的思维方式开启了对于空间概念的认知。亚里士多德认为无限性首先是时间与空间所拥有的共同属性，且认为空间是物体占据的场所与运动的处所，并提出了共有空间与特有空间之说。德谟克利特则认为物质的本源是一种叫作原子的最小物质颗粒，其需要借助名为虚空的场所进行运动，即宇宙当中的一切事物都是由在虚空之中运动的原子组成。原子的固有属性就是运动，虚空则是绝对的空无，前者为存在，后者为非存在。伊壁鸠鲁的空间观念与德谟克利特相似，但他并不认为原子会一直受自然规律的控制，指出原子是具有重量的，会以一种绝对意义的方式向下坠落，并且在坠落过程中受到一定的自由意志的作用，从而偏离原本的轨道，且与其他原子相撞，形成一定程度偏离直线的偏斜运动与碰撞运动。应当说伊壁鸠鲁的偏斜理论是对当时原子认识论的新的拓展与挑战，也暗示了辩证法的悄然萌芽。马克思在其博士论文《德谟克利特的自然哲学与伊壁鸠鲁的自然哲学的差别》中，对二者的哲学思想进行了比较，对于后者的思想进行了新的解读，他认为伊壁鸠鲁在德谟克利特的原子论思想基础上，提出了除了直线下坠与互相排斥两种原子运动之外的第三种运动方式，即偏斜运动，这是对直线下坠运动的一种扬弃，意味着从本体中脱离出来，其核心是质料与形式的综合。康德则是反对从自然哲学的角度来理解空间概念，其从认识论的视角提出空间不应当是一种单独的自然现象，而主张空间应该被看作是人类认识的感性直观形式，是作为人类理解的一个基本的先验范畴。不过虽然空间是先于经验的且为构成经验所不可或缺的要素，但要区分先验的空间形式和经验的空间实在，应当在不同的限定范围内有不一样的空间认知。如果说以上的哲学家们多是以形而上学的方式或者朴素哲学的思想来对空间进行解读，那么接下来的思想家们则加入了自身或者主体的向度来认知空间。笛卡尔认为，空间等同于物体的广延，否定了原子论的“原子”与“虚空”，并且在哲学、物理学与天文学的范围内对空间形成了独有的认识与理解。就哲学领域而言，笛卡尔在亚里士多德的空间观念之上提出空间是一个具有广延性的实体概念，有形实体的本质是具有长、宽、高的广延，并且思想构成能思考实体的本质。英国经验主义三大代表人物之一的洛克认为人类所有的思想与观念都是来源于人类的感官经验，即空间是通过人类的感官而获取的，并提出了物质空间与精神空间之分；贝克莱则主张主观的和相对的空间，否认客观的、绝对的空间，他认为空间只与视觉等感觉有关，既不绝对存在，也不客观，是一种主观的东西；同样地，休谟对于空间观念的认知与理解也是来自经验，他认为当人在体验外物时，是通过大小高矮等的比较来感受空间的，此外休谟还提出时空都不是无限可分的，即时间最终会分割为最小的瞬间，而空间则分割为最小的粒子，二者皆不具有无限可分性。胡塞尔对于空间的认知更关注的是对身体和运动性知觉在空间事物的构成之中所起的重要作用，并且以现象学的方式来阐述人们以哪种方式以及为什么能感知到事物的空间性与广延性。梅洛庞蒂深受胡塞尔现象学的影响，他不赞同近代哲学中的身心二元论，而是赋予了身体很高的地位，用身体主体取代了意识主体。尼葛洛庞蒂构建了自己的现象学认知体系，即知觉、身体与物体，三者相互作用、互相联系，以此来探究时空与主体之间的关系。海德格尔对于空间的认知最初是与时间紧密相连的，因而对于空间的分析是建立在时间的基础之上，但他并不认为世界仅仅是作为空间中简单的存在，并将空间区分为三种不同的类别，即世界空间、域与此在的空间性，其中世界空间为收纳事物的容器，域为人们日常生活与工作的场所，而此在的空间性则具有去远与定向两个特征。在海德格尔看来，空间既不是一个主观的概念，也不指代空间中的世界，此在的存在就是为了揭示空间形成的基础，只有在此在与事物的相处与关联当中，揭示空间才是可能的。

在数学领域，毕达哥拉斯学派对于空间具有独到的认知和见解，他们认为宇宙空间是由“数”创造出来的，即空间的形成是按照数的比例、对称等特性为基础的。同之前的哲学家们相似的是，毕达哥拉斯学派也关注空间的和谐，但是却认为宇宙空间的本原是数，万事万物皆由数构成，数量关系构成了空间秩序，创造了宇宙空间。该学派认为数字元素的有限与无限首先构成了宇宙空间的一元基础，由此派生出二元质料，既是各种数目也是物质的体现，不断产生出点、线、面，相互作用由平面形成立体，再由立体产生出水、火、土、气四类元素，这四种元素相互结合而形成了宇宙空间。此外，在毕达哥拉斯学派看来，数不仅仅是构成宇宙空间的基本元素，其所蕴含的数量比率关系也是使宇宙空间具备有序性、和谐性的重要因素。毕达哥拉斯学派认为在人类所生存的空间之中许多简单、和谐的数量比例关系被大量运用到对建筑、雕塑、绘画、音乐的认知当中，例如毕达哥拉斯学派认为，数所能够形成的最美形状是平面图形中的圆形和立体图形中的球形，因为圆周或球体上的任意一个点到圆心或者球心的距离相等，具有高度的对称性与和谐性，并且还为数字 1 到 10 赋予了各自的精神属性。这种理解也影响了该学派对于天体系统的认知，他们把宇宙的中心看作“中心火”，周围的星体基于各自不同的体积、速度、轨道与宇宙中心形成各种复杂却有序的数量关系，并围绕中心做匀速圆周运动。毕达哥拉斯以数为本原而形成的复杂、有序、和谐的宇宙空间思想对于之后哲学、物理学和天文学等领域的认知与实践都产生了较大的影响。古希腊数学家欧几里得创建的欧式几何学是以“数”与“形”为研究对象的，几何学也称为形的数学。欧式几何提出了基于点、线、圆、角相关要素的五条公理，通过有限的公理来论证几何命题，即每一个命题由前一个命题推导而来，根据逻辑推理的方法来建立一个演绎系统，从简单到复杂来证明一系列的命题，在二维物体的平面几何之上衍生出立体几何，形成了具有拓扑性质的欧几里得空间。欧氏空间指涉一个特别的度量空间，将二维与三维空间一般化的同时也将距离、长度与角度等概念转换为相应数维的坐标系，使得人们可以对其拓扑性质有所了解，即探索在几何图形空间连续变形的情况下如何保持不变的性质，其研究对于把握事物的连续性与离散性有着较大的意义。以罗巴切夫斯基几何和黎曼几何学为代表的非欧几何学则是在欧几里得几何学之后发展起来的不同几何学体系，前者与欧式几何最大的区别就在于对于平行定理的认知。欧几里得认为“过直线外一点有且只有一条直线与已知直线平行”，罗氏几何则提出“在平面内，从直线外一点，至少可以有两条直线与这条直线平行”，黎曼几何则认为“在同一平面内任何两条直线都有公共点，即交点”。罗氏几何以及黎曼几何对于空间的认知与欧式几何相比有所不同，前者认为时空具有不均匀性，尤其是黎曼几何的发展对于爱因斯坦的广义相对论的建立提供了空间思想资源，后来爱因斯坦在广义相对论中提出只有在足够小的空间内才会以一种近似于均匀的状态存在，时空在整体上是不均匀的。

在物理学领域，亚里士多德的朴素空间观、牛顿的绝对空间观以及爱因斯坦的相对空间观能够代表当时物理学界对于空间认知的水平。亚里士多德的空间观是相对自然与朴素的，在物理学上的体现主要见于对虚空和处所这两个概念的理解与认知上。亚里士多德不承认虚空的存在。当时他已经不再以机械论的方式来理解物体运动，更加注重物体在运动过程中自身乃至与其他物体之间的变化性，他认为物体空间中的运动不需要以所谓的虚空领域为存在前提，尤其是社会空间之中存在的连续性运动可以佐证这一点，从而推演出虚空与运动之间的矛盾，以虚空为核心理论概念基础的原子论则遭到了严重质疑，因为按照原子论中虚空的设定，物体的静止性、分离性才符合理论推演的逻辑。另一方面，对于“处所”这个概念，亚里士多德给其下了一个非常著名的定义，其概念界定使“处所”这个概念既区别于传统意义上的界定，又与原子论的虚空概念对立起来。在此基础上，亚里士多德提出了运动与空间处所之间的关系，他认为运动是发生在一定空间处所之中的，空间处所相对于正在运动之中的事物来说是相对静止的。虽然亚里士多德对运动与处所的阐述还存在一定的不完善性和可质疑性，但在当时代表了古希腊最高的空间认知水平，让当时的人们意识到事物、运动、空间三者紧密相连。牛顿对于空间的认知则表现为他提出的绝对空间观，牛顿认为空间是完全独立的存在，不依赖于事物以及运动，处处均匀，人类感官的局限性使自己无法认识完整的空间，只能凭借事物呈现的方式，诸如位置、形状与体积等要素来对其进行部分认知。例如牛顿提到可以将绝对空间假设成一个玻璃正方体，将其中的包含引力在内的所有物质抽走，并将玻璃壁无限变薄直至为零，那么这个玻璃正方体所围成的空间则是绝对空间，绝对空间之内唯一存在的就是虚无。另外，绝对空间与运动毫无关系，处于始终静止的状态，且具有无限性，人们只能通过具体事物的运动来了解绝对空间的属性，各处均匀、方向等价、永不移动是其特有性质。另外，他还将空间划分为绝对空间与相对空间，绝对空间之内的所有事物处于隔离且静止不变的状态，相对空间则是绝对空间的构成要素、呈现方式以及可被测量的部分，人类只能通过事物的位置和处所才能判定绝对空间的存在。同时，牛顿也提出了绝对时间观，他认为时间的流逝速度永远处于均匀状态，与空间无关，与其他事物无关，时间没有终点，任意一个时间点的前后都存在时间，时钟的误差是由装置产生的，与时间本身没有关联，只要有一只理想的标准钟，那么所有时钟的走速都是同步的。牛顿提出的绝对时空观使时间与空间成为两个各自独立的概念，互相没有联系，时间与空间的度量与参照系的运动状态也无关。爱因斯坦的相对论时空观则是对牛顿绝对时空观的挑战，爱因斯坦认为没有所谓的绝对静止的空间与时间，空间与时间要素与物体的运动都是联系在一起的。任意一个参照系和坐标系，其空间与时间只属于该参照与坐标体系之内，其惯性系的物理规律描述属于狭义相对论范畴。具体而言，爱因斯坦认为由于不同的惯性系中匀速运动的速度各异，因此标准钟的快慢各不相同，哪怕是在同一个地点校对过的标准钟，走速也可以不同，这跟标准钟所处的具体地点和惯性系有十分密切的关系，最开始的同时性对地点和惯性系的改变不会一直绝对持续；爱因斯坦还提出时间与空间是相关的，在考虑引力前提下，时间的快慢可以呈现不均匀的特点，而造成此现象的原因与时钟本身无关，而是源于不同的时空。此外，对于非惯性系来说，物质的存在会导致空间与时间的弯曲，如引力场就似一个弯曲的时空。爱因斯坦的相对论时空观对于时间、空间、物质与运动等基本物理概念进行了严格的考察，在其基础之上得出了系统、科学的物质观念与时空观念，使物理学科的逻辑体系得到完善。

另外，有管理学之父之称的亚当·斯密提出应该建立全球化的市场空间；社会学家涂尔干最早从社会学的角度提出了社会空间的概念，其分析了社会视角下的空间范畴，探讨了空间组织结构与社会结构之关系，且分析了空间的差异性。涂尔干的社会空间提法得到了诸如哈洛威、布迪厄、穆恩、杰尔等人的认同。从建筑学角度，诺伯格·舒尔兹认为空间样态多样化，如同人一般，至少有一个以上的图式，从而来感知各种状况，因此他将空间划分为实用、直觉、存在、认识与理论五大空间模式。实用空间是一个人与自然有机结合的统一环境；知觉空间有助于形成人的同一性；存在空间储存和传播人类社会文化；认识空间代表着人类在精神空间的畅游和探索；理论空间则是为其他各类空间的描述提供工具。诺伯格·舒尔茨将人类对于空间概念的理解与认知推向了一个新的高度。

二 代表性的空间理论

在西方世界浩如烟海的空间思想之中，不乏具有代表性的空间建构理论与观点，关涉空间与生产、空间与社会、空间与地理、空间与权力，一言以蔽之，关涉空间的建构、解构与批判。

列斐伏尔的空间思想在空间生产和日常生活空间批判两个方面尤为独特。在空间生产领域，他将空间划分为三个层面，即代表世界宇宙的物理空间、表征逻辑规范的心理空间以及社会空间。尤其是对于社会空间的认知，列斐伏尔强调社会属性为空间极为重要的特性之一，与社会生产实践密切相关，涉及个体、家庭与其他社会组织的相互关系。对于社会空间的本质，列斐伏尔进一步指出，随着物理空间的变化，社会空间也会通过社会产品的不断生产形塑自身，社会产品与社会空间互为表里、互相依存。在此基础之上，列斐伏尔提出了著名的空间三元论，即空间可以分为空间实践、空间的表征、表征的空间。空间实践是指在特定场所之内进行空间生产与再生产，从而构成不同的社会实践空间形态；空间的表征关涉社会空间之内各类生产关系的交往秩序；表征的空间则是与精神生活，比如艺术、文化等空间内容相关。在分析和研究空间实践、空间的表征以及表征的空间三种空间形态时，需要注意结合社会主体的生产及生活实践活动，关注个体的主体性及其实践表现形式与外部世界的相互关系。此外，列斐伏尔还对空间作了绝对与相对的划分。他认为绝对空间既包括自然环境，也涵盖了人类活动，人类活动不局限于社会的具体生产，而且逐渐形成了抽象的分离，进而形成了所谓的抽象空间。列斐伏尔从对立统一的角度来理解抽象空间与绝对空间，二者为辩证化的空间关系。由此可以看出，列斐伏尔的空间生产理念还是十分丰富的，相对于之前的西方空间思想有较大的超越，尤其是其提出的空间三元论，为认知社会空间提供了新的理论解释框架，以及对于空间政治以及社会关系的关注更是拓展了全新的马克思主义理论研究视角，推动了社会学科的空间化转向。

除此之外，列斐伏尔还将目光投射到日常生活空间领域，从社会学的角度来解读社会时间和社会空间的特点与建构。列斐伏尔从客观和主观的角度来看待社会空间。在客观上，社会空间不同于当时的社会流动性，后者是一个抽象的概念，更加倾向于表征一种社会流动的渠道和网络，列斐伏尔当时认为“社会距离”或者“社会场”获取能够提供一种更为确切的含义；在主观方面，他认为社会空间囊括了这个空间环境之内的个人、群体以及环境本身，个人和群体构成了社会空间的中心，社会空间为个人和群体提供了生活的环境。就社会时间而言，列斐伏尔强调通过循环时间尺度和线性时间尺度来分别看待社会时间，前者在自然空间之内由来已久，与宇宙中的根本节奏相关联，后者则与个人的认知与推理能力有关，与经济发展和技术进步有关。他认为在弄懂二者的区别之后，还应该关注二者的相互作用，应为我们日常生活中循环与线性时间尺度的互相作用与渗透构成连续或者不连续的时间衡量体系，列斐伏尔认为这对于社会时间尺度理论的建立有所裨益。总体而言，列斐伏尔认为社会空间不再是一个先在外部空间，而是一种实际模式的体现，是一个由特定的专家按照自己设定的指令而制造和生产出来的产品，这种产品代表了这些生产者所代表的利益阶层以及生产方式。因而，他认为社会空间的生产不再是一个纯粹的过程，而是涉及了相应的战略，空间生产者通过客观计划和付诸实践，物质性地作用于社会空间，因此如今只存在按照某个特殊群体意愿而规划，在一定的社会结构之中发展起来的空间，这种空间生产模式体现在人们所处的各类空间之中，比如日常空间、建筑空间、交通空间等。

大卫·哈维在其著作《地理学中的解释》中开始探索讨论地理问题的空间语言系统。他认为："地理学的整个实践和哲学取决于掌握物体和事件在空间分布的概念框架的发展。所采用的空间语言应适用于：（1）表达空间分布以及支配这类分布的形态量测的定律，（2）检验过程的运行及在空间关联中的过程定律。"① 哈维提到地理学长期以来都被欧式几何学所统治，并作为探讨地理问题的唯一空间语言，而他认为应该探索一种更加适当的空间语言以便更有效地应对地理学中的棘手问题。哈维认为经验是建立空间概念的基础，不同的学科会形成不同的空间概念，比如心理学家们研究空间感知，物理学家们探讨空间质量，数学家们研讨空间几何等，空间概念是地理学方法论体系中的一个十分重要的组成要素。在对地理学中的空间哲学、距离的度量以及地理学中的形式空间语言进行梳理和分析后，哈维认为地理学中的空间概念是建立在地理学家们的实际经验以及在社会交往之中所累积的文化经验之上，另外还需要参照当时所处社会的文化、科学和艺术方面的空间概念，以帮助地理学概念的理解和形成。诚然，地理学意义下的空间概念有自身的专业属性，地理学形式的抽象语言可以赋予地理学家们更多研究不同文化系统中的空间形成与过程的条件与能力，但同时仍然可以借助其他学科的资源，比如形式几何学的语言也可以为地理学空间语言提供类似于运算和模型语言的助力。哈维认为，空间语言之间的关系十分复杂，不可能在学术或者社会隔离的情况下弄清楚相关的空间行为，因此，需要以一种多维化、灵活化的方式来探讨空间这一概念的不同侧面和语言形式，根据不同的关联域选择相应的方法将其符号化或形式化，也不失为发展地理学理论的一种创造性方式。

随后，大卫·哈维对于空间的研究开始向社会学转变，其在《社

① ［英］大卫·哈维：《地理学中的解释》，高泳源等译，商务印书馆1996年版，第231页。

会正义与城市》一书中指出对于城市整体及其内部发生的各类现象的理解借助于空间概念可以得到更好的理解。对于空间的本质，从社会学的角度比较难以界定。哈维主要从本体论的角度来解读，他提出研究社会空间应该将其相对化地理解为空间内部事务之间的关系，而不仅仅是一种脱离内部事务的独立存在。此外，哈维认为还存在另外一种空间，即关系空间。他提出关系空间是呈现出物体之间交往样态的空间样态。他认为对城市空间行为的恰当空间概念的理解既不是绝对的，也不能是相对的，而是要能够体现出人类在空间中交往的过程。哈维认为只有在人类的具体实践当中才能试图去探寻什么是空间的本质，对于这个问题的思索就转变为社会成员是如何创造和利用空间概念的。在该书当中，哈维将空间思想运用到了对巴尔的摩和巴黎两个城市的研究当中。他指出目前对城市空间问题理解不畅的主要原因在于观念和方法两个层面，需要在空间思维当中架设起一个跨学科的解释框架。因为每个学科当前对于城市空间的把握，大多只站在自己的角度来看待、分析和验证问题，无论是社会学、地理学、建筑学还是管理学等，这样对于城市空间的理解只能是空间一隅的，做不到客观与公正。因此，哈维试图将所有具有空间意识的学科，尤其是社会学与地理学联系在一起，以全新的城市空间理论框架来分析城市的运转机制以及空间样态。与空间有关的社会学科都具有一定的社会想象力，即从时空的角度、社会关系的角度来把握事物，例如以地理学科来理解城市空间，除了会关注个体或组织在社会中的位置，还会从自己与周围空间的关系来审视自身的空间行为与空间的相互作用。哈维认为，基于社会学与地理学之上的理论框架是唯一一个能够充分合理理解城市空间的概念框架，城市地貌与社会行为是相互联系的。他提出空间的构建会呈现体制化的趋势，对于未来社会发展进程有着不可忽视的影响，而基于这两个学科之上的概念体系则可以简化社会问题的复杂性，协调社会问题的解决过程。哈维认为可以通过收入的再次分配来调节与改变城市规划，换言之，对于收入的再次分配可以改变个体的住房情况等，城市空间的构建自然也会发生相应的变化，而哈维对于城市空间规划、社会正义以及资本运行的融合化研究也具有一定的空间指导价值。

爱德华·苏贾在《后现代地理学——重申评判理论中的空间》一书中重点探讨了空间与社会的关系。苏贾所提出的空间概念更多的是对人类所进行的各类生产与生活实践进行抽象而来的空间，是一种客观存在的事物。社会空间的分化是由空间内的社会生产活动所形成的，与阶级的分化保持一致，空间生产关系的形成与阶级分化相互关联、相互呼应。空间这个物质的存在时间已然不短，然而其意义的赋值却是在与社会发展与变迁的过程中凸显的。苏贾认为，无论是物质空间还是精神空间，都是由于社会空间内要素的生产与再生产是不断进行的，两个空间互相联系、渗透，并且当前人们从地理、历史、时空的视角对空间提出的假设都是与空间内部的社会化、心理化要素密切相关的。空间性在本体论的角度而言其实就是过程的转换，强调空间之中要素的转换结果，也随时准备着下一次转换。空间属性不是亘古不变的，也不是彼此隔离的。苏贾将自然视作第一性空间，社会为第二性空间，前者为后者提供存在的物质载体，后者则为前者提供被人类认知的语境。不能简单地将苏贾提出的第一性空间等同于物质空间，其也难以在社会、心理空间层面找到呼应，因为无论是物质、社会还是心理空间都被他认为是社会生产及再生产的产物，故而自然被归为第二性空间。苏贾在《第三空间：扩展地理想象的范围》一文中对于三层空间的内涵予以了说明和界定。第一空间即感知空间，物质性是其基本的空间属性，即能够被地理学家直接体验、测量并且绘制成地图的空间。对第一空间展开研究的途径分为两种：内源性与外源性。前者是通过研究地域差异等来创建相关的空间科学，同时构建出空间布局与变化的解释框架；后者理论框架的搭建则是基于空间内部生产的过程及其本质。第二空间是一个主观想象的空间，旨在对空间语言的描述和意象的表达。物理的、地理的空间不再是唯一的关注领域，概念的、象征的世界也是第二空间的关注焦点，换言之，第二空间就是在第一空间的基础上提出的地理学相关概念、话语和方法体系。人文地理学家不主张二选一，他们认为这会导致物质或理想、客观或主观的极端主义，因而人文地理学家们认为应该采取二者结合的方式来进行地理和空间研究。这种做法固然有其合理性，但是却未必能够满足当今空间研究的需求，因为空间转向的目的是突破以往固定的思维模式，以更加历史化、社会化的视角来构筑全新的空间行为图式，显然，他们还尚未突破以往格局的局限性。

与中国社会的空间思想与理念相比，西方世界基于不同学科对空间本源的探知似乎更加深入与系统，但与前者相似的是，随着社会的发展，西方的空间理论也逐渐将人作为重要的考量要素，开始聚焦于对社会关系、权力分配、城市规划与运行等空间领域问题的思考与解决。

从古今中外人们对于空间的认知与理解当中，可以发现空间这个概念有着极为丰富的内涵与外延，同时还体现出与其他要素的互联互动。空间概念既关涉诸如基本的空间与运动的关系，也囊括了更深层的空间与社会的关联；既指代了实体的物质空间，还延伸出社会空间与心理空间；既关注空间的整体形态，更强调空间要素的有机联系，涉及人类所认知和理解的社会生产生活的方方面面。无论是中国社会的空间思想，还是西方世界的空间理念，尤其是马克思主义的空间理论，都为我们开始真正的、科学的、本质的空间认知指明了方向，也为进一步了解社会演变以及形塑社会空间奠定了重要的理论基础，有助于此后更准确地认知与把握思想政治教育教学所处的社会整体空间样态与运行机制，从而制定出契合社会空间“土壤”的教育教学空间规划。

第三章

高校思想政治理论课教学空间的本质与特征

法国社会学家、哲学家亨利·列斐伏尔早在20世纪70年代于其著作《空间与政治》中就提出了关于空间的四个假设，诸如空间是一种纯粹的形式，是一种媒介和工具，以及本质上与社会关系的生产联系在一起，同时明确提出空间是政治性的这一论断。他认为社会各类关系都存在于想象的或者是实际的空间之中。

从20世纪六七十年代开始，人们对于社会问题的思考逐渐从时间、历史的维度转向空间、地理的视角。列斐伏尔、福柯、詹姆逊、苏贾、哈维等哲学家、社会学家都从空间这一维度展开了对人类问题的探索与思考。社会理论也开始了空间转向，社会、地理、文化等角度都成为探寻事物发展变化规律新的突破口，随着社会科技的进步，生态空间、虚拟空间也成为新的空间样态。空间转向已成为社会科学研究新的理论生长点，高校思想政治理论课教学空间研究随之展开。

第一节　高校思想政治理论课教学空间的本质阐释

本质，是指事物的根本性质，是其存在的根据，以及区别于其他事物的基本特质。界定高校思想政治理论课教学空间的本质与特征是进行深入思考的前提。

一　高校思想政治理论课教学空间的基本含义

社会学理论已然开始了对空间转向的探索，但高校思想政治理论课教学空间目前在学界尚为一个崭新的研究领域，目前未有专家对其进行含义的界定。若把思想政治理论课教学空间看作一个空间矩阵，将其构成要素划分为主体、内容、方法、载体，那么相关的学术成果不少，或是探讨思想政治理论课教学的模式或实效等，综而观之，对于思想政治理论课教学的研究尚缺乏整体性、连续性、动态性、空间性的研究思路与视角。在此，本书试图对高校思想政治理论课教学空间作这样一个概念界定：高校思想政治理论课教学空间是在特定的社会空间之中，教育参与主体通过各种形式的互动与沟通，有目的、有组织、有秩序地利用与协调思想政治理论课教学活动各空间要素，进行社会主义意识形态理论学习与社会实践的综合性教学空间系统。

对于高校思想政治理论课教学空间的内在含义，应从以下几方面进行分析和把握：

一是在高校思想政治理论课教学空间之中，教学参与主体不再是主客体关系，更多体现为一种主体间性。在空间系统之中，要素之间是平等互联的，相互作用，互为支撑。传统的思想政治理论课教学囿于固定的环境氛围和主客体关系难以达成预定的教学目标，形成有效的价值认同。在空间视域下，思想政治理论课的教育者与受教育者皆为参与主体，教学活动更为关注空间系统中主体之间的关系以及相互交往、理解问题。一旦以主体间性的视角来展开思想政治理论课教学空间的设计和议题设置，一定会在完成理论学习的同时，达成更深层次上的情感共鸣与价值共识。

二是高校思想政治理论课教学空间是一个多要素合力共鸣的系统。思想政治理论课教学空间不仅仅是一般意义上的思想政治理论课教学环境，而是一个关涉学科、实践、虚拟、制度、生态等诸多子系统的更广阔的空间范畴。在思想政治理论课教学空间内部，各子系统之间呈现出共性，也体现出特殊性，表现为知识、价值与意义的共享共存。

主题各异和形式多样的教学设计与教学活动，为各参与主体提供了丰富多样的互动体验，在有目的的方法论指导下，结合历史脉络、现实境遇和动态前沿为思想政治理论课教学目标服务，而这需要借助多学科理论的指导，信息技术的教学辅助，以生态化动态化的视野来构建教学场域。

三是高校思想政治理论课教学空间的形成会加速个体社会化的进程。思想政治理论课教学的目的是要培养出具备社会主义核心价值观、符合社会发展需求的公民，思想政治理论课教学的构建就是要在为参与主体提供思想交流以及政治活动场所的同时，使一个自然人逐渐向社会人转变，进一步促进和稳定社会的生产生活以及社会交往秩序。思想政治理论课教学在对参与个体进行教化的过程中，也促进其相互之间的互动，各个子空间因其不同的属性进行不同的议题设置与场域设计，借助高融合、符号化、强渗透等方式，最终从理论和实践层面双向推进参与主体对于社会主义意识形态的自觉追求，成为一名合格的社会成员。

二　高校思想政治理论课教学空间的内涵解析

对于高校思想政治理论课教学空间概念的解析，重点在于理解其中所蕴含的核心话语含义。

其一，教学主体互动是高校思想政治理论课教学空间场域的核心范畴。思想政治理论课教学空间参与主体的互动是空间关系中最基础也是最重要的交往关系。整个思想政治理论课教学空间基础关系的范畴之中包含教学参与主体与教学空间环境的互动关系、教学参与主体双方的互动关系、受教育主体自我互动的关系。首先，教学参与主体与教学活动实施的空间环境之间，在本质上体现出思想政治理论课教学空间内主体依赖物质环境展开交往的互动关系。思想政治理论课教学空间环境随着社会政治、经济、文化、技术、生态的发展，为当前思想政治理论课教学的开展提供了基础和支持系统，建构了最基本的主体互动的关系交往界面。其次，教学参与主体双方的互动关系映射出思想政治理论课教学空间中主体之间以及主体与社会空间之间的交往关系。思想政治理论课教学空间是一个按照一定空间秩序、遵循特定价值取向且具有连续性、稳定性、动态性的场域，是各类思想政治理论课教学活动产生与开展的社会运行系统，在系统中存在着教师与学生、个体与群体之间的交往关系，折射出传统意义上教育主体与客体之间、主客体与组织群体之间的互动，指涉出单向度教学交往关系朝多维度交往态势发展的趋势，表征着思想政治理论课教学参与个体与群体之间逐渐脱离以往对教学关系的过多制约，开始走向全面发展的行为图式。再次，受教育主体的自我互动是思想政治理论课教学空间能够反映出学生群体通过空间教学活动实现对于自我内在观照的状态。思想政治理论课教学空间的价值旨归是通过主体参与个体与群体之间的社会交往以及与空间环境要素的教学互动最终实现受教育者自我的身心互动，包括真实与虚拟的互动、动机与行为的互动、功利与审美的互动等，在教育者的引导之下受教育者能够建构出属于自己的精神家园，实现合理的自我与社会空间价值。由此，教学参与主体与环境互动、主体之间的互动以及主体自我的互动构成了思想政治理论课教学空间内三大交往关系，三者之间的交互渗透是为了实现从信息知识共享到精神情感的升华与共鸣，教育参与主体双方的交往是思想政治理论课教学空间中的核心互动关系。

其二，高校思想政治理论课教学空间是一种融合性、综合性的交往系统。狭义来看，思想政治理论课教学空间是人们进行教育、教学等活动的空间场域；广义来看，思想政治理论课教学空间是人们进行各类生产、生活的环境载体。一方面，思想政治理论课教学活动旨在培养符合社会发展需求以及具有价值归属认同的个体，另一方面将个人发展与社会稳定紧密相连，保障社会空间之中各类生产生活与社会交往正常进行。同时，通过与其他空间系统不断进行物质、能量、信息的交换，思想政治理论课教学空间的系统性与稳定性得以进一步保障与确立。例如思想政治理论课教学空间之中的虚拟空间信息交流活动就体现出相当程度的综合性与复杂性。开展网络思想政治教育教学首先需要互联网技术以及硬件设备为载体进行信息的传递、处理和储存，同时利用相关软件来进行信息分析、应用和评估等；其次将网络思想政治理论课教学内容转换为数字化的符号进行虚拟空间的数字流传输；随后以受教育者的特性和喜好为基础，选取文字、音频、视频、图片、动画等进行多媒体化的教学符号信息传达，注重教学的互动性和内容的多样性；最后利用信息中介系统使信息传播范围更广，增强互动交往的强度与深度，提升交往信息的真实性与确定性。可见，从整个思想政治理论课教学空间而言，教学空间交往系统的构建更为严密、复杂与综合。

其三，高校思想政治理论课教学空间可促进主体知识、行为、精神的共生共享。教育参与主体的各类生产与生活活动在思想政治理论课教学空间之中产生投影，而空间本身也不断反射和塑造着所处其中人的思维理念与行为模式，从而也可以实现空间自身的拓展。在此过程中，首先交往主体通过各项思想政治理论课教育教学活动的开展，搜索与提炼信息、发表评论与见解，通过经验的交流与反馈形成信息的共享；在信息交往的基础之上，教育参与主体双方基于相应主题知识的提供与获取，使知识在传递和学习过程中得以积累、增值与创新；通过在不同教学空间场域内知识传递与教学互动的深化，思想政治理论课教学传递的价值理念逐渐为受教育者理解、认同、接受，主体之间试图达成空间交流与实践的一致性与认同感，使交往互动的意义深化，最后达到精神层面的共情与共享，同时受教育者开始有意识地运用其指导自身的空间主体行为，逐渐寻求自身精神世界的满足与构建。

三　高校思想政治理论课教学空间的相关概念辨析

思想政治理论课教学空间有其独有的内涵与特征，但不是一个孤立存在的概念，在客观上与教学空间、思想政治教育空间等邻近概念有着相互联系与交叉的关系。对这些关系进行辨析有助于我们更加深入地把握思想政治理论课教学空间的内涵与外延，更科学地进行思想政治理论课教学空间的优化与拓展。

（一）高校思想政治理论课教学空间与教学空间

当前对于教学空间内涵的解读，主要聚焦于物理教学场域的布局、设施布置的情况，与教学活动的开展与交往脱离开来，这显然不能全面阐释教学空间的丰富内涵。教学空间是一个围绕教学活动与教学关系互动而形成和创设的场域，教学空间与教学活动无法彼此隔离存在，教学空间的存在与设计只为了保障教学活动的有效进行，整个教学空间既囊括了物质基础条件，更需要将教学参与主体包含在内，才能进行科学、整体的教学空间内涵解读。

一般而言，教学空间可以从广义和狭义两个角度来理解。前者指涉的是只要发生了教授与学习这个行为或者过程的空间，无论是学校的教学互动，还是生产生活中发生的教授或传递知识的行为，就可以认为这类活动所发生的场域是广义上的教学空间。后者即狭义的教学空间则主要指代学校教育，但其范围不仅仅限定为学校范围内，因为学校开展的社会实践或其他教学活动的空间也会延伸到学校之外。通常在没有特别说明的情况下都对教学空间作狭义层面上的理解，即教学空间是为教学活动的开展而创设或形成的，包含了教学活动所涉及的设施、环境、参与主体等要素以及这些要素互动交往构成的关系，总体看来，教学空间是一个综合要素及其关系的样态表征，它不是一个一成不变的空间场域，而是会随着教学活动的变化随时发生调整与转变。具体而言，可以对教学空间作两个维度的进一步分析与阐释。首先，可以作为课程资源的提供空间。教学空间可以为教学活动提供教学所需的场地、设备等设施资源，也囊括了知识、经验以及技能等课程资源，二者相互作用、互为制约，共同构成了相对完整的教学空间。教学空间是一个开放的空间系统，根据教学目的、对象、步骤等要素的不同，空间内部的课程资源可以互相流动，选择最优化的资源来促进教学目标的达成。其次，教学空间也是一种过程性的存在。教与学本身就是一种思维的碰撞、价值的激荡，在知识的传授、观念的引导、情感的交流等方面，教学空间都处在一个动态的过程当中。在这个过程当中，由于对象是人，尤其是处在世界观、价值观、人生观都还在发展当中的群体，因此这个过程也具有一定的不确定性，而教学空间的价值就在于通过各类教学活动将其向积极、健康、正面的方向指引，为教育对象提供源源不断的成长动力，为教育参与主体提供一个动态的、稳定的、均衡的、和谐的教学空间体验。

与常规的教学空间相比较，高校思想政治理论课教学空间呈现出特殊性。一方面，由于思想政治理论课教学也是教学活动的一种，所以思政课教学空间与一般的教学空间有相似与共通的地方；另一方面，思想政治理论课作为一门有着特殊教学目的且极具实践性的意识形态类课程，其空间样态除了体现出知识性之外，比起常规的教学空间更具有政治性、社会性与实践性。因而，需要以更加深层次的逻辑来进行思想政治理论课教学空间的构架与考量。

然而，当前的高校思想政治理论课教学实际情况表明，思想政治理论课教学空间还没有实现新时代思政课教学要求的突破，大多数教学实践还是围绕着教材、课时与考试展开，教学活动参与双方还是将主要精力投放于知识的积累与规范的遵守上，思想政治理论课教学工作者还不能站在更开阔、更深远的立场来思考教育对象实际问题的解决以及综合素质的提升。教学空间实效的强化有赖于多重因素的运作和协调，知识的传授与修养的提高不能通过考试等方式实现，这样的教学体验是单调乏味的，教学效果也是低效甚至无效的，因为思想政治理论课教学的最终目标是立德树人，而不是进行简单的知识传授和技能培养，这也是思想政治理论课教学空间与其他教学空间最重要的区别。因此，构建与拓展思想政治理论课教学空间需要基于对其内涵和本质的真正理解和把握，否则其空间效力则难以充分发挥。

对高校思想政治理论课教学空间而言，应该更加系统、科学地丰富其空间结构与内容，既注重统摄理论知识、道德修养与政治理念的文化心理空间建设，也要注意不同思想空间层次的划分，既要注重规则意识的培养，也要体现空间规划的弹性，通过对不同教学空间子系统的合理建设、划分与协调，挖掘思想政治理论课教学空间的内生动力，寻求思想政治理论课教学实效的提升与突破，进一步促进教学空间的发展。

（二）高校思想政治理论课教学空间与思想政治理论课教学环境

所有教学活动都是在特定的教学环境中进行的，是构成整个教学环节的重要元素之一，同时，教学环境也是教学活动开展所不可或缺的载体，教学环境会对身处其中的教学对象产生不可忽视的影响与作用。对于思想政治理论课教学活动来说，教学环境同样至关重要。

思想政治理论课教学环境一般指代的是能够对思想政治理论课教学活动的开展以及对受教育者理论知识、道德修养、价值理念的形成产生一系列影响的各类因素的集合。思想政治理论课教学环境不是一个独立的存在，它的建设离不开与现有环境的互动与联系，处理好内部与外部环境的关系对于有效实现思想政治理论课教学目标具有十分重要的意义。此外，教学环境不仅仅是开展思想政治理论课教学的要素与载体，同时也是一种方法论的存在，即利用环境来对受教育者进行熏陶，结合教学规律以及受教育者的认知规律，将思想政治理论课程的理论知识、情感要素、道德理念有机融合于适当的教学环境之中，使教育对象身处相应的教学环境之中时，潜移默化地接受这种情境化的教育，渐渐将其内化为自身的道德素养与价值观念。

一般来讲，思想政治理论课教学环境囊括了与教学互动相关的政治环境、文化环境、生态环境、制度环境等，与一般的教学环境具有共性的同时，也有自身的特性。首先，思想政治理论课教学环境具有综合性。思想政治理论课教学环境不是一个单一的、平面的概念，而是一个包含了不同层次、维度的有机系统，各要素之间互相联系、互相作用。自然环境与社会环境属于宏观层面的思想政治理论课教学环境，为思想政治理论课教学定下了基本的基调；学校、组织、社区、家庭等环境则为微观层面的思想政治理论课教学环境，为思想政治理论课教学的具体开展提供了载体并可以实现更具化的教学互动。其次，思想政治理论课教学环境具有多维性。其多维性不仅体现在环境层次的高低、范围的大小上，更多地体现在对教育对象产生显性或隐性的影响与效果上。尤其是在当前的信息化时代，数字化生存及生活模式的出现，网络虚拟环境给思想政治理论课教学带来了极大的挑战。虚拟空间的隐匿性、开放性、即时性与互动性等特点与功能为思想政治理论课教学提供了更加科学有效的教育技术，同时也使各类非主流或者反主流意识形态及思潮有机可乘，这对于受教育者理想信念的培养以及国家社会的稳定都带来了不小的挑战与冲击。再次，思想政治理论课教学环境具有流动性。思想政治理论课教学环境的流动性主要指涉其系统要素持续变化的动态性，而不是一个封闭的环境状态。一方面源于其所处的外部环境，包括自然环境以及社会环境所涉及的政治、经济、文化、生态、制度等领域，都处于不断变化的状态；另一方面，思想政治理论课教学环境系统的内部要素之间也是互相作用、互相流通的，并且教学主体能动性的发挥，相互交往以及与环境要素之间的互动都会促使思想政治理论课教学环境结构与功能产生相应的变化与调整。

因此，与思想政治理论课教学环境相比，思想政治理论课教学空间概念虽然更为复杂化、体系化、动态化与综合化，但与其还是有不少共通之处。二者相互联系、互相渗透，思想政治理论课教学空间的优化与拓展离不开对思想政治理论课教学环境的建设。

第二节　高校思想政治理论课教学空间的基本特征

高校思想政治理论课教学空间的基本特征，指称的是高校思想政治理论课教学在空间场域中相互交流、建构中呈现出的基本特点和表现。高校思想政治理论课教学空间不仅与教学实践、社会实践、生态实践等实践活动紧密相连，随着社会发展与科技进步，还以虚拟的、符号的多样化方式参与到社会空间的实践当中，不断参与到新的空间样态的创新之中。

高校思想政治理论课教学空间作为一种特殊的社会实践活动场域，其特征映射出思想政治理论课教学空间的本质属性，其特征的展现与表达则是基于多种因素。

首先，交互式的主体关系。结合当代大学生群体的认知规律以及社会发展状况，思想政治理论课教学实效性的获取，应当以受教育者的主体性发挥为前提，强调师生双方的交互式主体关系，着力发展主体间性思想政治理论课教学。主体间性是当代思想政治理论课教学空间中教学主体交往的核心交互关系，教育者与受教育者之间的双向或者多向互动是现代教育教学的关键之所在。主体间性的教育是对主体性教育的扬弃，即在尊重和明确学生在思想政治理论课教学中主体性地位基础上，着力于教育对象能力与个性的培养，促进受教育者的主体性发展，在主体性充分形成的基础上，主体间性也才有可能发展。因此，当前在思想政治理论课教学空间之中，教学主体双方在一定教学情境之下，通过主体之间在认知、情感、意识以及行为等方面的交往互动能够增加教师与学生之间的平等性交往，有利于塑造思想政治理论课教学空间优化与拓展的良好场域氛围。

其次，多样化的教学交往。信息革命和理念革新对思想政治理论课教学提出了极大的挑战，传统的受教育者已不再满足于以往的授课方式与教学模式，无论对于线上线下教学媒介的使用，理论或实践教学项目的拟定，还是课堂或课外社会实践的安排，势必要更加注重个性化、信息化、交互式、动态化，为受教育者提供一个能与社会个体或群体实践互动、和谐共生的思想政治教育环境，以更加系统化的思维与社会、家庭等其他重要思想政治教育空间系统场域有效链接，以正向的价值理念为引导。

再次，技术化的信息平台。在新时代的思想政治理论课教学空间实践活动中，由于信息技术的大量广泛使用，思想政治教育交往行为受其影响，其信息化程度也得到大幅提升。思想政治理论课教育参与主体基于不同的技术平台呈现出网状式集成化的交往模式，其交往互动往往超过现实教育参与的程度与频次。随着互联网与信息技术的迅速发展与应用，思想政治理论课教学参与主体需要应对、分析与处理比之前增长数倍的信息量，教育教学交往空间也由传统的具有明显边界的实体空间扩展到无边界无中心的虚拟空间。另外，网络文本的超链接性、信息的循环可复制性等为教育主体提供了交往互动的物质技术基础，便捷的信息采集与处理技术也为教育者带来了极大的便利，受教育者也能同步享受到技术平台带来的互动开放式实践体验以及主体表达的话语权提升。

一　高校思想政治理论课教学空间的共生性

高校思想政治理论课教学空间建设的任务与目标之一即是要实现思想政治理论课对教育对象的知识积累与价值引领的同时，进一步将其外化为受教育者的空间行为实践。通过思想政治理论课教学，受教育者在思想、道德、情感等方面具备与社会主义核心价值观相匹配的观念体系，最终达到知行统一的教育目标。然而，面对时代发展赋予教育参与主体个性特征，主体间性与互主体性是不得不引起人们高度关注的问题。思想政治理论课教学空间需要为受教育者提供更多“主体化”的教学实践场所与机会，与外界要素进行更多物质、能量、信息的交换，获取更多思想认同和个体成长的资源与力量，使其与教育者形成一种共生和谐与统一的空间互动关系。

二　高校思想政治理论课教学空间的实践性

教学是由教与学所组成的一种人才培养活动，高校思想政治理论课教学空间自然具有极强的实践属性。思想政治理论课教学空间不仅为教学参与主体提供教育互动的场所，并且具有整合各场所空间的力量。思想政治教育的目的是维护社会主义主流意识形态的先进性与代表性，不能只靠理论堆砌和舆论引导，意识形态自身在传播过程当中也会有异质性和损耗性。要想保持一种意识形态的主流性和统一性，必须在实践过程中接受检验，真实反映教育活动参与主体的现实诉求和理想愿望，前瞻性地思考现实空间的持续适应性问题，科学合理地开展思想政治理论课教学，将其与社会空间、生态空间、虚拟空间等实践活动综合起来，才能获取更理想的思想政治理论课教学实效。此外，思政课教学空间实践是为了实现社会主流意识形态的有效传递，空间结构的网格化为其正向传递提供了有效传播路径，但需注意的是信息在传递过程中的保持和叠加，要尽量避免信息的抵消和消散；另外，不同的互动交往内容在传递过程中的效力各异，并且日常生活类交往往往多于社会类、学术类、政府类交往。

三　高校思想政治理论课教学空间的系统性

系统是在特定的环境当中为了达到某种目的按照一定秩序组合在一起的有机整体，其要素之间相互联系、相互作用，具有特定的结构和功能。系统属性是高校思想政治理论课教学空间的重要属性之一。首先，思想政治理论课教学空间的联合作用性。在这个复杂的系统内部，不同类型的教学互动关系塑造架构着整个系统，课堂之间、学科之间、虚拟与现实之间、制度与生态之间形成一个巨大的互动网络，每个参与元素都是一个网络节点，相互作用，互相牵制，整个思想政治理论课教学活动就在这种整体作用下推进。其次，思想政治理论课教学空间的拓扑相关性。在思想政治理论课教学空间之中，有很多的子系统互为关联，关涉到课堂与学科、现实与虚拟、制度与非制度等，由于教学目的不同，呈现出不同的规模、层级、形态。在教学过程中，无论是个体之间、个体与组织之间，还是组织相互之间，都在不同程度地相互作用、构建演化，但唯一保持不变的始终是为培养具有社会主义意识形态的合格人才而服务的宗旨，只是在过程之中，由于使用不同的编码和解码方式，构成了纷繁复杂的教学网络。

四　高校思想政治理论课教学空间的技术性

技术要素的嵌入是高校思想政治理论课教学空间中不可或缺的重要元素之一，技术平台的搭建、信息软件的使用以及虚拟空间的迅速拓展为思想政治理论课教学空间赋予了更多的技术属性，譬如网络空间的无限性、开放性促使教育交往主体的线上互动交往更自由，具有超越现实生活的诸多可能性，网络空间的交往准则区别于现实生活，交往个体有更大的冲动与空间来展示自我，行为更加恣意随性，互动双方的时空距离急剧压缩，互动程度与频率迅速提升，网络个体已有的社会认知、价值理念与审美体验都发生了改变。此外，思想政治理论课教学虚拟空间之中增加了诸多符号化式的交往体验，参与主体之间的互动与交往借助于符号系统来呈现。在互动的过程中，符号以文字、图形、音频、视频等多种形式来传达信息，并且信息传递双方在交流中由于不同的意图、情绪和解读，使符号化表意呈现出多样化的特征，构建出各不相同的话语情境。一般来讲，在同一个空间系统之中所选择的符号表达系统具有一定的内在稳定性，交流双方对于该符号系统所承载的信息内容与价值理念是有共识的，这种在虚拟空间之中较之现实空间有更为明显的拓扑性的表达方式，加速了思想政治理论课教学空间中符号性特征的泛化，促使教育者深入研究空间之中教育教学交往元符号体系的创造、表达与传递。

第四章

高校思想政治理论课教学空间的结构、类别与功能

思想政治理论课教学空间作为一种崭新的空间实践形态，是由各类要素构建而成的一种系统，在结构、类别与功能上有自身的内在规定性。高校思想政治理论课教学空间的结构意指构成整个空间系统的主要要素，包括主体要素、内容要素、方法要素及载体要素；高校思想政治理论课教学空间类别存在不同划分标准之下的空间子系统概念；而高校思想政治理论课教学空间的功能意指各要素与内外部空间环境互相作用时所展现出来的规定性。

第一节　高校思想政治理论课教学空间的结构要素

时间与空间是人类思维的总体框架，是人们考察和分析事物的重要维度。空间思维由来已久。从亚里士多德到莱布尼茨再到马克思等，都形成了各自独特的空间理论与思想。高校思想政治理论课教学是指在特定的课堂活动空间之中，教育者与受教育者通过各种形式的互动与沟通，有目的、有秩序地进行社会主义意识形态的理论学习与社会实践，最终达到立德树人的育人目标。可见，思想政治理论课教学本身，具有明确的空间属性。目前，从空间整体性视角来展开相关研究的成果尚未见，本书将高校思想政治理论课教学空间视作一个矩阵，主体、内容、方法、载体为其空间矩阵的主要要素，要素与要素之间、要素与空间之间都存在着物质、信息与能量的相互作用与相互

影响。下面将对高校思想政治理论课教学空间主要结构要素进行总结梳理，这有助于深化对思政课教学空间框架的理解，但由于空间要素的能量交换、作用关系十分复杂，下图仅是一个简要的关系展示，见图4-1。

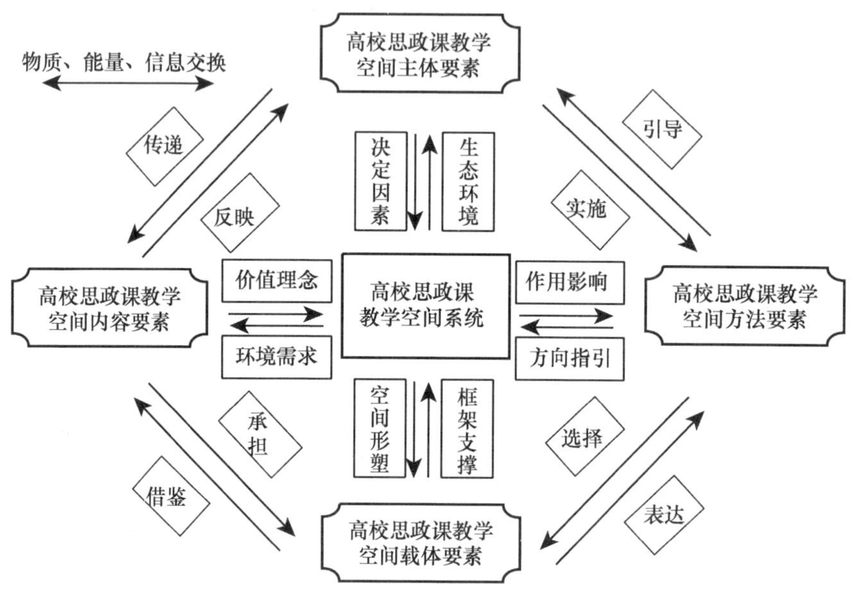

图4-1 高校思政课教学空间结构要素关系图

高校思想政治理论课教学空间作为一种崭新的空间实践系统，其结构由诸多要素构成，包括主体、内容、方法、载体等要素，呈现出思想政治理论课教学空间结构的多维性特征。同时，因各要素在整个思想政治理论课教学空间系统中的地位不同、作用各异，展现出鲜明的层次性特征。对思想政治理论课教学空间结构进行分析，有助于我们通过事物的本质规定性把握其运行机制和内在机理。

一　高校思想政治理论课教学空间的主体要素

在高校思想政治理论课教学空间矩阵中，主体要素包含教育者与受教育者、组织与个体。科学认识思想政治理论课教学参与主体是开展思想政治理论课的前提。一方面，对思想政治理论课参与主体进行分析有助于将其与传统的思想政治理论课教育者与受教育者区分开来，当前的思想政治理论课参与主体的关系更多是主体间性的关系，而非之前严格的主客体关系；另一方面，围绕着主体要素呈现出的研究取向是重要的理论溯源，有助于我们进一步正确处理参与主体要素之间的关系。

目前，这方面的学术成果主要对思想政治理论课教师主体进行考量，主要涉及教学话语与教学能力两方面。对于前者，例如有的学者提出在思想政治理论课教学中出现了“语言生态危机”，需要钻研如何创设有益的教学语境，认为创新是改善当前高校思政课话语体系诸多问题的突破口①；对于后者，有专家指出思政课教师的主体地位难以凸显主要是由于教师的教学手段、资源和及信息技术运动等综合能力不足造成的。②

从学界对于高校思想政治理论课教学主体研究的代表性观点来看，其研究方法多是从思政课教学的实施主体，即以授课教师视角展开的。应当说，在思想政治理论课开展的初期，这样的研究思路是有效的，因为教育实施主体被认为对整个思想政治理论课教学场域的发展与建构起着举足轻重的作用。他们对于受教育者的政治素质、理论修养、道德涵养的习得与培养十分关键。然而从广义而言，思想政治理论课教学空间的教育者也应包括从事思想政治教育的其他人员，诸如辅导员和管理人员，甚至受教育者的家长也属于此类，因为思政课教学空间的范围不仅仅囿于学校课堂，其空间范围延伸至其他学科、其他场域乃至整个社会，各方都承担着培养具有社会主义意识形态的合格社会公民的责任与义务。

随着社会的进步和科技的发展，此意义已发生了极大变化，思想政治理论课教学空间得到拓展和延伸，从前的主客体关系容易导致主

① 杨未：《锤炼思想政治理论课教学语言》，《思想理论教育导刊》2018 年第 6 期。

② 金丽馥：《新时代高校思想政治理论课教师教学能力提升策略探析》，《思想理论教育导刊》2018 年第 10 期。

体参与要素的离散，有的时候甚至需要进行身份调换，增强对话时效与教学实效。因此，师生人际互动、学生主体地位应当是今后主体要素系统中的核心关注领域，受教育者自然也是重要的主体要素之一。思政课教学空间中的受教育者在这个教学空间之中必然受到教育者空间意识形态的影响，这是由思想政治理论课教学的本质所决定的，但这并不表示受教育者空间形态的构建是千篇一律的，相反，基于一致的政治理念与意识形态基础上所形成的差异化个体空间，既有助于整个思政课教学空间的构建，更有利于个体自身的全面发展。需要注意的是，教育者的空间输出并不完全等同于受教育者的空间输入，两者的空间单元不一定完全匹配，这涉及思想政治理论课教学互动中精神、文化、社会、生态、制度等各方面因素的统摄性与关联性，应尽量避免造成不必要的教育参与主体双方的空间分离。

进行高校思想政治理论课教学空间的主体要素构建，注意把握好主导与主体的关系。教师与学生是思想政治理论课教学空间的核心主体要素，前者主导和引导着教学活动，否则空间发展就容易偏离正确轨道，后者能动性的发挥则直接影响着教学活动开展的深度与效度，决定着是否能够获取良好的思政课教学空间体验。因此，思想政治理论课教学空间的发展，有赖于教师主导性以及学生主体性的合力共鸣。教师主体是思想政治理论课教学的直接实施者，对整个思想政治理论课教学过程起着主导作用，其理论深度、专业能力、授课技巧、人格魅力与综合素养都会对学生产生示范作用，教师主体在理念、内容、方法方面的创新也会推动思想政治理论课教学空间的拓展。发展教师主体应该首先注重队伍能力建设，打造一支政治强、情怀深、人格正、思维新和视野广的教师队伍，直接提升思想政治理论课的开展成效；同时，还应注重激发与激励教师主体的积极性、主体性，这一方面需要教师自我素质和职业能力的提升，另一反面也需要相关制度的保障，注重空间氛围的影响。学生主体作为思想政治理论课教学空间的核心主体要素之一，与教师主体形成了一种空间交互式的教学互动关系，思想政治理论课教学实效的获得不仅仅需要教师主体的合理主导和有效引导，更需要学生主体积极、能动地配合和参与，只有充分增强学生的主体动力，才能提升思想政治理论课教学空间的内生动力。在重视学生主体性的前提下，还要认真分析学生主体的成长发展规律、认知规律，将激发学生主体性作为思想政治理论课教学的重要内容，寻求更加有效的路径来构建学生自我激励机制，不断满足其学习期待和实际生活中的诉求，使其主动进入空间教学实践之中。总之，思想政治理论课教学空间的主体要素的构建，需要坚持教师主导性与学生主体性相统一的原则，二者辩证统一存在于思想政治理论课教学活动之中。教师的主导性是学生主体性发挥的前提与基础，重视学生主体性可以充分激发其参与教学空间行为，这对于教师主体的专业能力、沟通能力以及教学空间驾驭能力提出了更高的要求。

二　高校思想政治理论课教学空间的内容要素

内容是直接体现事物本质的要素之一。人们要进行有效的社会空间实践，就要掌握对象的内容及其规律。内容要素在高校思想政治理论课教学空间矩阵中占据着不可忽视的态位，其课程设置、价值意蕴、案例材料等一系列思想政治理论课知识体系所涵盖内容要素之选取与设置，都决定了学生能否在理性上领会马克思主义理论的核心要义，在情感上认同思想政治理论课的教学目标，最终将其理念有效转化为自身的价值体系、信仰体系。

高校思想政治理论课教学内容要素覆盖范围甚广，学界对此问题的研究有几种不同的倾向。学者认为可从认识论、价值论和实践论三方面分析思政课教学质量的规定性、有用性，进一步明确教学内容的质量属性，把握质量动态，清晰工作思路，最终提升学生的接受度。[①]此外，对于思政课教学内容之选取以及教学关系的把握也需引起我们的高度重视，譬如党史档案作为记录中国共产党在不同历史时期伟大

① 叶荣国：《高校思想政治理论课教学质量内涵分析与认知维度》，《教育评论》2016年第9期。

壮举和英雄史实的重要见证，以图片、影像、文献等多种形式服务于思想政治理论课教学，更易引发学生的心理共情，从而达到说服人、感染人、内化人的教育目的。①

高校思想政治理论课教学内容，即是整个教学过程内部所蕴含的实质和意义；从哲学范畴来讲，是指思政课教学内在因素的综合，与教学形式相对应。由此看来，近年来学界对于思政课教学质量、实践教学、虚拟教学、教学形式等开展的研究视角是符合思政课教学价值预设的，但宏观探讨居多，微观研究零散，难以见微知著，同时更不易形成相互之间的系统关涉，对于结构与功能的解析尚显不足。

本书认为，高校思想政治理论课教学空间的内容要素应涵盖学校教育、家庭教育、社会教育三个方面。首先，学校教育自然是思政课教学空间的主要内容要素之一，有专业的教职人员承担思政课教学任务，有专门的机构进行相关的组织和管理，也有科学系统的制度作为保障，跟其他二者相比，学校教育更具目的性、组织性、系统性。思想政治理论课教学空间是在遵循党在思想政治理论领域要求的前提下，根据社会时代的发展与变迁以及学生思想变化的特点，来构建的符合思想政治理论课课程属性与要求的内容体系。思想政治理论课程的本质其实是社会主义意识形态的传播与引导，这就决定了其内容需要以党和国家的思想政治理论的要求来不断调整与充实自身，同时我国高校的根本任务是培养具有社会主义价值观念与素养的人才，学习和传播马克思主义自然成为我国高校思想政治理论课教学的内容与任务，因此完成思想政治理论课教学空间内容要素构建需要摸清大学生思想政治观念发展的特点、道德素质结构的特点、思想政治教育教学发展规律，同时遵循学科课程设计规律以及教学管理规范，实现思政课教学空间内容的规范化、体系化。在当前思政课教学空间的内容要素构建上，一是要把握好内容与形式的关系。内容与形式是相辅相成的，

① 杨丽艳、焦博秀：《党史档案在高校思想政治理论课教学中的价值探析》，《继续教育研究》2018 年第 7 期。

好的形式不仅可以有效地展示内容，还可以提升人们的兴趣。思想政治理论课的课程性质决定了其内容本身的抽象性、学理性，大学生群体对于当前思想政治理论课教学现状的不满更多地集中于其内容呈现的载体与方式上，希望能够以更加灵活、丰富、互动化的方式参与到教学空间之中，教学形式的创新、教学方法的优化、生动灵活的情境设置等更加能够吸引受教育者投入对思政课的内容学习当中。因而，思想政治理论课教学空间内容要素的构建需要努力探索学生主体接受度高的载体、媒介与技术，选取具有时代性、生动性、生活性的话语体系，不断创新能够与思想政治理论课教学内容更加契合的互动式教学模式，提升思政课教学内容的深度与广度。二是需要更加注重思想政治理论课教学空间内容的内涵建设。在把握好形式与内容的关系之后，要进行思想政治理论课教学空间内容建设还需要在根本上加强和深化内涵建设。内容是核心与基础，形式的创新只有与优质的内容才能匹配，无论是方法、载体还是技术手段的创新都是为了更好地提升内容的接受度、传播度、感受力、吸引力，真正让受教育者的思想政治素养与道德修养乃至综合素养得到全面发展的还是思想政治理论课教学内容本身，因此，建设思政课教学空间内容要素需要强化思想性、提高学理性、增强科学性，使思想政治理论课教学内容实现体系化的同时呈现出学理性、逻辑性与影响力，形成思想政治理论课教学空间的硬实力。

其次，家庭教育是学校教育的重要补充。家庭作为个体成长的第一教育场所，对于其未来一生的发展起着不可忽视的基础性作用，对于个体品行、素养的形成更是具有决定性的影响。在思想政治教育方面，家庭教育的重要任务就是进行思想品德培育，即让孩子养成良好的道德品质，以及生活、学习等方面的行为习惯，同时还要注重对于情商与逆商的培养，因为他们比智商在某种程度上来说更为重要。在日常生活当中，应注重以平等、尊重、榜样、宽容的方式来对待孩子的教育问题，以中华优秀传统文化陶冶孩子的性情和情操。

再次，社会教育是学校教育与家庭教育的重要延伸。社会教育既可泛指一切能影响个人身心发展的社会教育活动，也可意指社会文化机构对公民展开的各种文化教育活动。相比其他两种教育形式而言，社会教育拥有更多更大的空间样态和空间张力，例如人文历史遗址、文化馆、少年宫、图书馆、博物馆、纪念馆、剧院、影院等社会教育机构都具有一定程度的社会教育功能，思想政治理论课教学可以借助社会教育机构的力量，为受教育者提供践行思想政治理论的广阔空间，也有助于维护社会的安定、促进文明的进步。当然，这需要学校、家庭与整个社会一起为思想政治理论课教学空间提供更加稳定的政治、经济、文化、社会、生态保障。

三　高校思想政治理论课教学空间的方法要素

思想政治理论课教学方法是基于拟定的教学目标，为完成相应的教学任务以及取得预期的教学效果所采用的各种方式，是思想政治理论课教学空间矩阵中不可或缺的要素之一，关系着思想政治教育的目标能否实现以及效果的好坏。说到底，高校思想政治理论课教学是在社会空间领域之中提升个人思想政治素质，实现社会主义价值理念的正向赋值，追求个人全面发展，同时不断解决个体之间，个体与组织、社会之间矛盾与问题的过程。因此，开展思想政治理论课教学，既要符合个人与社会发展的目标，又要契合思想政治教育自身规律，势必要对思想政治理论课教学空间之方法要素进行有效梳理。

此前，对于思想政治教育的方法研究甚多，主要集中于对其基本理论、具体方法、研究方法的探讨上。针对高校思想政治理论课教学方法的学术成果则聚焦于课堂教学、实践教学、网络教学三个领域，例如，主张在思想政治理论课课堂教学中突出问题导向，强化问题意识，积极创设问题情境，设计问题形式，最终运用马克思主义理论来分析问题、解决问题①；在实践教学当中，由于当前针对高校思想政

① 彭健：《网络教学平台中的高校思想政治理论课问题式教学研究》，《学校党建与思想教育》2016 年第 22 期。

治理论课教学方法的改革与创新层出不穷，也取得了一定的创新成果，但在教学过程之中如何把握课程教法的变与不变，也是一个需要审慎思考的问题[①]，这些都要求我们对相关教学方法进行深度把控，将其与社会主义价值理念有效融合，进行具有情境、逻辑与实践始基的方法论改革与创设。

综观与高校思想政治理论课教学方法要素相关的学术成果，应当说学者们从历史、逻辑、实践脉络等方面进行了探讨与挖掘，也十分关注传统的思政课教法向现代教育技术改革的转向，不乏对教育研究方法与范式的反思。但在思考网络虚拟空间或者信息化教学方法时，在对于网络思想政治教育的技术性、互动性、多样性的考量上还欠缺对其本质属性和功能的深层把握，没有将内容与方法进行有机叠加与联系，对于具体方法的创新与使用需要再作深入分析与思考。

本书认为，高校思政课教学空间的方法要素主要指涉其在教学过程中所采用的教学手段和工作方法。无论是在进行思想政治教育过程中采取认识方法、实施方法或是调节评估方法，都需要因材施教、量体裁衣，同时把握思政课教学方法的形成、发展以及变化规律，使其具有真正的思想政治教育方法论指导意义。值得注意的是，空间结构当中指涉的方法与传统课堂之中所指的方法有所差异。思政课教学的空间结构是由其教学活动中涉及的一切要素形成的一个复杂教学网络，各要素在点、线、面、域、网等层面上相互作用、互相影响。因而，在思想政治理论课教学空间之中进行思想政治教育必须突破单一范式，把握教学过程之中关涉的全部空间结构要素，以动态的、层次的、系统的方法来安排教学任务或者互动，消除以往以书本“知识点”为节点的课程安排与设置，以更灵活、更联系化的方式对教学方法加以取舍。同时，要注意把握好时间—空间维度对于思政课教学方法的规制，即从时间纵向角度把握思政课教学活动开展的节奏以及内在的运行逻

① 魏强、周琳：《高校思想政治理论课教学方法的“变”与“不变”》，《思想教育研究》2018 年第 4 期。

辑，从空间横向角度更好地处理参与各要素、各单元之间的相互关系，将分散的知识点整合在一起，增强思政课教学的科学性和系统性，以及理论的感染力和说服力。

加强高校思政课教学空间方法要素建设要从以下几个方面进行具体考虑。首先，思想政治理论课教学空间方法是一种课程教学法，符合一般教学法的共性，是教师调动空间内所有教学要素，包括教学内容、载体和环境等促进学生成长进步的工具和手段。教学方法的选择与使用是一个整体性、综合性过程，包含了教学内容的规划，比如选取知识含量高、具有理论内在逻辑的教学内容，辅之以学理性、科学性的讲解与说明，避免思想政治理论课简单地成为一种意识形态宣传或者道德说教，以及教学载体的选取，例如语言、文字、图片、符号、音频、视频的运用、嵌入与转换也要恰如其分，引起共鸣。其次，思想政治理论课教学空间方法是一种课堂教学法，将年龄相近的群体编制为一个集体，以班级为单位，区别于个别教学法。课堂教学法要求教师按照既定教学计划对班级单位的学生群体进行教学，可以扩大授课对象规模，提高教学工作效率，这就要求教师有相对统一规范的教学规划，有组织地开展教学活动，实现不同科目课程的交替教学，缓解学生疲劳，扩大教学知识面和覆盖面。但是，这种课堂教学方法，也存在一定的局限性，集中式的教授比较容易忽视每一个学生的具体情况，学生思维不一定与教师讲授同步，这样容易出现课堂脱节现象，集体学习有利于良好学习氛围的形成，但也容易出现一些负面作用，影响教学效果，同时教师在课堂教学空间之中的主导性较强，虽然有利于对课堂教学的控制与引导，但不利于学生主体性的发挥，容易出现课堂教学程式化、模式化的问题。不过，随着社会的发展以及学生主体性的崛起，信息技术开始逐渐融入思想政治理论课教学空间，诸如微课、慕课、移动课堂等使得教学活动向精细化、个性化、精准化发展，促进了思政课虚拟教学方法的优化，学生的积极性、主体性也得到了进一步的激发，是对传统课堂教学方法的有益补充。再次，思想政治理论课教学空间方法是一种德育课程教学法。具有自身的特殊性，因为其课程属性为意识形态教育，即要对学生群体进行系统的马克思主义理论教育，而马克思主义理论教育作为一种系统化、理论化的知识体系，必须通过一系列的相关理论课程来系统教授。此外，德育课程教学法与智育课程教学法的区别在于，后者主要以获取相关知识与技能为核心，学习效果主要依赖于自身的理解和努力程度，评价标准相对客观，但思想政治理论课实质上是对价值理念的传授和心理品德的建构，学生群体对于思想政治理论课的学科性、学理性尚不能完全认同，再加上意识形态的传递需要融入教学过程之中，除了学科理论知识认知以外，还需要将知、情、意、信、行等要素融入思政课教学当中，这无疑在很大程度上加大了方法体系构建的难度。因此，鉴于思政课教学空间方法要素的特殊性，需要把握好以下几个方面的问题：第一，不断改进和加强思想政治理论课课堂教学方法体系，促进思想政治理论课教学质量的提升，增强意识形态的感染力、渗透性与传播力；第二，协调发展思想政治理论课理论教学法与实践教学法，虽然思想政治理论课程体系具有较强的理论性、科学性、逻辑性，但是其课程设置的目的要求课程教学不能仅仅停留在理论层面，需要将理论外化用于指导学生的日常学习、生活以及日后的工作，因此需要建立一个科学、创新的思政课实践教学方法体系，激发受教育者的主体性与能动性，引导其用理论指导实践且培养相应的能力，将理论学习与社会实践有机结合，使思想政治理论课传递的价值理念入脑入心、实现知行合一；第三，要更加注重使用隐性教学法，这包括教师与学生的教学互动、情感共鸣，校内外教学环境的创设与影响，学校对于思想政治理论课教学的制度支持等，对于这些非教学内容因素的协调与使用，可以促进思想政治理论课教学空间更加稳定高效地运行在相应的轨道空间内，加强空间教学的正效力。

四 高校思想政治理论课教学空间的载体要素

载体泛指一切能够承载其他事物的物质，具有传递能量和运载其他物质的功能，具有灵活性和不固定性。高校思想政治理论课教学载体则是指在思想政治理论课教学空间中传递马克思主义理论和社会主义道德法律知识的承载体，使得思想政治理论课教学参与主体发生联系的一种介质或形式。思想政治理论课空间矩阵之载体要素，是教学参与主体双方与教学内容联系的桥梁，是思想政治理论课教学方法运用于实践的主要范畴，对于提升思政课教学的成效，发挥思想政治理论课教学的正向合力具有不可忽视的影响力。关于思政课教学载体的研究成果大致集中于以下几个方面。

目前，大部分学者把目光投向了信息化教学载体领域。一部分着力打造整体性的思想政治理论课资源平台和网络教学平台，比如建立集马克思主义理论研究和文献支撑平台、教学资源共享平台、数字化教学平台、质量评估平台、思想动态调查分析平台于一体的综合性思想政治理论课资源平台，或是研究如何在现有的网络教学平台下促进教材体系转化为教学体系，以及将教学体系转化为学生的知识和信仰体系。[①] 另一部分则聚焦于对具体网络媒体平台的应用和拓展，有专家指出手机媒体因其便携性、互动性、即时性，丰富了教学手段，拓宽了师生交流的渠道，但同时也为思政课教学提出了新的要求[②]。

有效的教学载体加上丰富的教学内容，必然能够有效促进学生个体主动接受与认同马克思主义理论，如果脱离了对思想政治理论课教学载体特性的把握，思想政治理论课教学便无法做到有的放矢，也无法更好地凸显马克思主义理论的现实解释力。整体看来，专家们认为教学载体在现代化思政课教学改革中具有前瞻性，对于思政课教学载体和平台的建设取得了突出的成效，但思政课教学空间之中载体形式多样，如何激发传统载体和新兴载体之间的创生意义，形成合力共鸣，似乎还需要进行深入思考。因此，以上对思政课教学空间要素进行的整体梳理与分析，为认清思政课教学的理论选择与实践路径奠定了空

① 吴付来：《打造学生真心喜爱、终身受益的思想政治理论课》，《中国高等教育》2018 年第 2 期。

② 米霞、朱经纬：《手机媒体视域下增强思想政治理论课教学实效性探赜》，《学校党建与思想教育》2018 年第 6 期。

间认知基础，三者关系如图 4 – 2 所示。

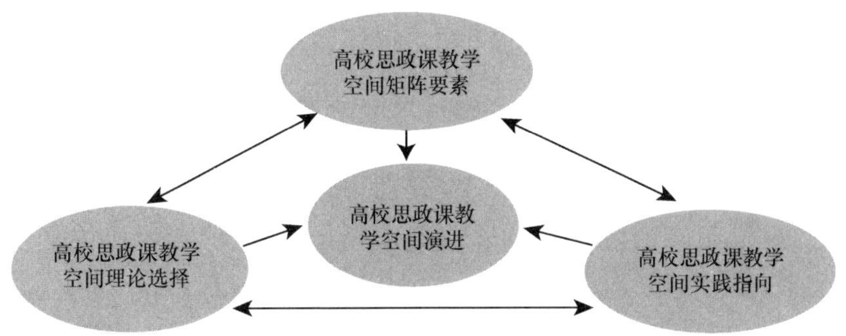

图 4 – 2　要素、理论、实践与空间演进的相互关系

本书认为，高校思想政治理论课教学空间的载体要素主要由两部分组成：思想政治理论课教学的实体空间要素以及虚拟空间要素。首先，思想政治理论课教学的实体空间。一直以来思政课教学实体空间都是教学的主要空间场域，其不仅是教育者实施思想政治教育教学的客观领域，也是体现人的政治性与社会性的重要形式。思想政治理论课教学实体空间的发展，伴随着不同的社会形态展示出相应的教化结果，是社会政治文明发展的重要体现，也是维护社会安定、有序的重要载体。应当看到，在当前的思想政治理论课教学实践当中，目标不明、内容陈旧、方法不当等诸多因素导致思想政治理论课实体空间教学效果不甚理想，究其根本，其实是对于思政课教学实体空间的形成机理和规律把握不足造成的，缺乏对不同思政课教学实体空间特点的认知，没有深入挖掘背后的教学内涵，不能将所有实体空间要素与教学目标有机整合。因此，需要在明确各实体空间的形成规律前提下，尽量将各个实体教学空间打通、融合，增强教学实效。

其次，思想政治理论课教学的虚拟空间。相对于实体空间来说，虚拟空间载体基于信息技术的支持极大地摆脱了地域的限制和空间的阻隔，对于原始的时间载体的重组、整合，使得信息的传播与生产效率得到了极大提高，对于人类的生产与生活方式产生了深刻影响，促使不同国家、不同民族的政治、经济、社会、文化生活在虚拟空间之内加速融合。思想政治理论课教学虚拟空间是其实体空间的进一步延伸与拓展，围绕着思政课教学主题，在虚拟空间之中产生了很多子空间，诸如讨论空间、主题空间、社区空间等，借助数字化技术的优势，思想政治理论课教学可整合优化更多的资源，创新教学形式，做好信息化教学工作。需要明确的是，思想政治理论课教学空间虽然看似隐形无边界，实则受到实体空间的规定与制约，在信息化的新时代，应该始终坚持与时俱进，将马克思主义中国化的最新成果积极融入空间教学之中，使社会主义主流意识形态在虚拟空间之中得到有效传播。当然，思想政治理论课教学空间实体载体要素与虚拟载体要素相辅相成，共同作用于整个思想政治理论课教学空间，形成思政课教学空间载体要素系统。

在高校思想政治理论课教学空间的载体要素构建中，需要注意以下几个方面的问题。首先是思想政治理论课教学空间载体系统的分类。一是思政课教学空间载体系统是一种思维系统，为思想政治理论课教学空间参与主体提供相互交往互动的中介，而要为交往双方提供一座合适的“桥梁”，需要先分析清楚主体参与教学交往之间的关系或联系，使参与者不断调整自己与他人之间的关系，从而进一步维持或扩展当前的教学交往关系。例如，如果在思想政治理论课教学空间中选择了互联网作为载体，那么教育者乃至受教育者就应该具备互联网思维或者信息化思维，互联网与信息技术不仅仅是一种载体，更是一种需要与思政课教学空间相互融合的载体思维方式，只有双方都具备互联网思维，在线上教学之中才能进行更有效的教学互动，即教育者需要通过对思想政治理论课教学活动参与对象进行一系列的分析、概括、整合、反思等。二是思想政治理论课教学空间的载体系统是一种工具系统，为开展思想政治理论课教学提供物理性的支持平台。无论是思政课教学空间的实体载体要素还是思政课教学空间的虚拟载体要素，都体现为对思政课教学的平台支持功能，前者为思政课教学提供教材、教室、校园环境、实践基地等，后者的物理平台构建在新时代也更为迅速和明显。在思政课虚拟平台的构建中，需要线路设备、互联设备等有线与无线通信设备的保障，涉及虚拟空间构建与信息传递、分析、处理等相关的各类接入设备与用户终端，所有的通信设备与用户终端设备都为构建思想政治理论课教学空间载体系统提供了硬件支持，为思想政治理论课教学交往提供了互动工具与物理平台。三是思想政治理论课教学空间载体系统也是一种符号系统。符号是一种象征，也是一种载体，指代其他事物的同时也承载着交往双方相互交流的信息，是精神外化的体现，也是一种被感知的客观形式。符号总是具有一定的意义，意义也通常以一定的符号形式来体现，符号的作用就是将其本身作为意义之间的一种联系载体，并呈现在人的意识当中，它通常可以划分为语言符号与非语言符号两类，这二者常常在信息交流与传播过程中结合使用。其实在人类所处的社会空间之中，符号广泛存在，不仅仅包含狭义范围上的文字、语言、数学符号、交通标志等，人类的身势语、各类仪式、艺术、游戏等构成要素多为符号，符号可以是图像、声音，也可以是建筑造型或文化思想，其通常具备抽象性、普遍性、多变性等特征，主要用于人们在社会交往过程中对于信息的传达、表述、理解和思考。思想政治理论课教学空间处于社会空间之中，其教学参与主体自然也少不了以符号系统作为载体而进行交往，也正是因为符号系统内涵和种类的丰富性与多样性，才更有助于思想政治理论课教学空间中的教育者与受教育者进行教学互动和思想交流，丰富思政课教学空间交往的社会性，使教学参与主体获得更加多元化的空间价值体验。四是思想政治理论课教学空间的载体系统还是一种方法系统，即思想政治理论课空间主体作用于客体的方法与手段的总称，具体而言即是教育者与受教育者在实际教学活动中所使用的教学工具的操作方式。伴随着信息技术的发展以及网络思想政治教学空间的拓展，对于思政课教学空间之内的载体系统的使用与驾驭是对新时代思想政治理论课教师在媒介以及信息素养方面的新要求，无论是课堂空间之内微课、慕课、翻转课堂、案例教学等教学方式的增加，思想政治理论课主题网站和 App 的建设与应用，还是思想政治理论课虚拟空间实践等实践教学的开展，不仅要求教师具有扎实的理论功底与组织与协调能力，对于信息技术和网络设备以及终端设备的掌握和了解也是必需的，同一个载体系统，不同的操作方法、程序、技巧与规范以及熟悉程度等，都会导致差异化的教学效果的产生，教学主体对于载体发展的思维模式应该与载体系统相互协调与匹配，随着信息技术的进一步发展，教育主体对于载体系统的掌握对于整个载体系统的运行与发展都将产生深远而重大的影响。

其次是高校思想政治理论课教学空间载体系统的相关特性。一是具有属人性。思政课教学空间系统是在教师与学生主体联系中存在的，离开了思想政治理论课教学主体的载体系统就会失去存在的意义。载体系统和教师与学生主体的占有状态有所差异，有的为内生性联系，即载体系统的存在与占有在很大程度上决定着教育主体的空间发展状态，有的则为结合性联系，即载体系统为教师与学生主体的组成部分，是教育主体所使用的一种工具、方法、技术或符号等。二是具有社会性。思政课教学空间载体系统的形成缘于空间之中教育者与受教育者的教学交往与互动，教学参与主体、载体、环境等要素在教学空间之中相互作用而缔结了交往关系，所有要素都是关系化的存在并且组成了新型的教育主体互动系统，因为思想政治理论课教学空间载体系统具有明显的社会性，表现出载体系统属人的对象性。总之，对于以上载体系统类型及特征的把握是思政课教学空间载体要素构建的逻辑始基。

第二节　高校思想政治理论课教学空间的类型划分

思想政治理论课教学囊括了不同的活动过程，相比时间视角而言，以空间角度来审视思想政治理论课教学要素所形成的空间单元系统更为灵活和全面，因为在同样的时间维度下，空间要素的变换和作用方式的改变都会促使思想政治理论课教学产生差异化的效果和形态。就空间化思维统摄而言，由于教学活动内部要素组合排列、作用关系和分类标准的不同而形成了差异化的空间单元系统。

一　按照教学服务的空间功能划分

学习是人类的本能属性，首先为个体提供知识获取的场域自然就是教学空间了。就高校思想政治理论课整体教学空间而言，能够为受教育者提供直接的思想政治教育教学服务的空间是思想政治理论课课堂空间与思想政治理论课学科空间。

高校思想政治理论课课堂空间是思想政治理论课教学进行的主要空间场域，囊括了主体、内容、方法、模式等教学要素的选择与设置，涉及思想政治理论课教学活动的策划、实施、协调与反馈，还包括与之相关的一系列人员、制度等体系方面的教学管理。思想政治理论课课堂空间是教育主体双方参与的互动式教学空间主体场域，其空间运行是否有效对受教育者的知识素养、道德修养、价值观念的养成具有十分重要的影响。

高校思想政治理论课学科空间的发展同样也直接服务于思想政治理论课教学，思想政治理论课学科空间的发展涵盖了教学计划的制定、学术体系的建立、教材专著的编写、师资队伍的建设等诸多方面，在为思想政治理论课教学提供宏观规划和方向指引的同时，也促进着思想政治理论课教学与其他学科之间的沟通、交流与借鉴。思想政治理论课学科空间的发展对于促进思想政治理论课教学空间的专业化、科学化、前沿化、互动化发展具有不可忽视的推动作用。

二　按照教学主体的空间参与方式划分

思想政治理论课教学是一种特殊的社会实践。思想政治理论课教学本质上来说是一种道德教育，其教育的目的就是要使受教育者具备符合社会所要求的道德标准以及有效参与社会生活的能力。因此，根据思想政治理论课教学主体参与空间实践方式的不同，可以将高校思政课教学空间划分为思想政治理论课现实空间与虚拟空间。

高校思想政治理论课现实空间是开展教学活动的重要场域，是进行思想政治教育教学的必需环节，包括了在实体的课堂空间、校园空间、社会空间、家庭空间等场域，思想政治理论课教育者根据相应的教学目标设置与任务安排，有计划、有组织、有条理地引导受教育者进入各类教学实践与社会实践当中，通过参与现实空间中的实践活动以及与他人的交往，来完成知识的积累、能力的增长、修养的提升，在完善自我的同时培养其服务社会的意识。思想政治理论课现实空间是沟通个人、学校、社会、家庭的重要桥梁。

高校思想政治理论课虚拟空间是一个由计算机软硬件设备与各项信息技术等构成的网络教学空间，是思想政治理论课现实空间的进一步延伸与拓展。思想政治理论课虚拟空间改变了以往现实空间的思政课教学模式，大大拓展了思想政治理论课教学主体的教学体验，为思想政治理论课受教育者提供了更开放、更广阔、更灵活的教学交往空间，激发了学生群体的学习主体性。然而虚拟空间的符号化、匿名化等特性引发的道德弱化甚至失范，拒绝厚重与深度，逃避崇高与责任等一系列现象，也对思想政治理论课虚拟空间的建设提出了严峻的挑战。

三　按照教学系统的空间运行特征划分

思想政治理论课教学空间内稳定的运行秩序也与空间制度的安排、设计以及形成的制度环境有十分密切的关系。因此，按照教学系统的运行特征来划分，高校思想政治理论课教学空间可划分为思想政治理论课制度空间与思想政治理论课非制度空间。

高校思想政治理论课制度空间是为了维护和保障整个思想政治理论课教学空间正常运行而制定的一系列必须遵守的规章以及构建的空间系统，涉及教学管理制度、教务管理制度、教材管理制度、实践教学制度、师资管理制度等方面的内容。思想政治理论课制度空间构建的精细程度、合理程度在很大程度上体现了思想政治理论课教学空间的稳定程度和规范程度，当然，也需要注意制度空间之内制度与道德的互补教化功能，需要综合、系统地看待和处理二者的关系。

高校思想政治理论课非制度空间是与思想政治理论课制度空间相对应的空间系统概念，思想政治理论课非制度空间对于整个思想政治理论课教学空间而言也是不可或缺的。新时代思想政治理论课非制度空间的优化与拓展应该更加关注社会生态空间领域，社会生态不仅与环境、资源息息相关，更与社会空间的政治、经济、文化、制度紧密相连，既表征了社会空间的秩序性，也呈现了空间要素的交往关系，既包括了自然生态系统，也囊括了人文生态系统，所以本书中的思想政治理论课非制度空间即指涉的是与思政课教学活动相关的社会生态空间。构建思想政治理论课非制度空间就是要以整体性、系统性的角度来动态化、综合化地考量思想政治理论课教学与学校、社会、家庭教育共同组成的生态系统，并且全方位地结合社会政治、经济、文化、制度等因素来维护和调整思想政治理论课教学空间内的所有要素关系。

第三节　高校思想政治理论课教学空间的功能赋值

高校思想政治理论课教学空间功能的发挥，离不开对其结构的分析。思想政治理论课教学空间的结构也决定其自身功能的发挥。总体说来，对高校思想政治理论课教学空间功能发挥所辐射的范围、影响的程度与作用的对象等问题的阐释，遵循由内而外的秩序，以理论、实践与技术三位一体的逻辑理路搭建功能赋值框架，即从学科空间内部关系的作用到对社会育人空间的塑造以及全面发展空间的打造。

一　融合多种学科空间

思想政治理论课近年来似乎未能完全发挥出自身的功能与作用。当前思想政治理论课的教学实效与实际需求不匹配，理论课堂讲授的内容不够新颖，理论阐释的过程缺乏贴近时代、贴近生活的教学案例，且理论教法相对单一，教学形式不够丰富，教学载体的运用覆盖面较窄，导致思政课教学实效不强，难以达到教育目的。

高校思想政治理论课教学空间的构建对思想政治理论课教学应是

十分有益的，在大思政观的理念之下，借助其他学科的理论支持与方法指导，有助于增强思政课的教学实效。首要任务就是要对思想政治教育学科自身有学科信仰和学科自觉。需要深入了解学科自身发展的历史，思考学科发展的现实与未来，在把握学科发展的政治性、方向性之外，也要形成自身特色与优势。但任何学科的发展都不是在隔离的空间之中进行，正如宇宙从来都是一个动态的物质、信息、能量不断交换的系统。不难发现，近年来诸多学科领域内部都出现了与其他学科交叉发展的领域，这是一种必然趋势。解释与应对社会不断发展涌现出来的新的社会问题，也能更好地促进学科之间的良性互动，激发出学科发展的内生动力。思想政治教育学科空间的形成与拓展在遵循自身学科发展规律的同时，应积极借鉴其他人文及社会学科的建设经验与模式，提出更完善更系统的学科发展图景。在多学科融合发展的指导下，在面对思想政治理论课教学发展中的各类问题时，要以创新性的视角进行审视和判断。

多种学科空间的融合发展属于思政课教学空间之理论范式转型的选择。

（一）时代发展促空间创生

思想政治理论课教学空间概念是伴随着时代的发展而生的，空间映射出交往关系的多样性与复杂性，现代社会生产分工细化、社会互动泛化等趋势与空间特性体现出一定程度的内在契合性，呈现出深层次的挑战性，思想政治教育意欲培养出符合新时代发展要求的人才，需要在教育体制上实现突破与创新。

首先，教育体制改革。思想政治教育教学的目的就是要帮助受教育者树立正确的世界观、人生观、价值观的同时形成坚定的社会主义立场，面对当前社会空间之中各种反主流与非主流思潮不断涌现，交往关系日益复杂的现象，思想政治教育教学需要作为一项全党全社会协同配合的事业展开体制上的系统规划。对于各级党委和政府来说，应进一步明确思想政治教育对确保社会主义正确航向的重要作用，将思想政治教育设为重要议题，深刻把握各类交往关系特征，抓住当前思想政治理论课教学空间场域的关键问题，为思想政治教育教学和工作的开展提供相应的体制保障。对于各级各类学校而言，一方面，党务和行政部门之间以及学生与学术事务之间需要实施制度化、系统化的协调工作机制，党委主要制定总体规划和与学生事务相关的方针政策，行政部门负责思想政治教育工作的具体执行与实施，在分工明确的同时，也确保各部门之间的有机协调与有效反馈，避免机械分工导致的育人要素的隔离；另一方面，思想政治理论课教学作为学校思想政治教育工作的重要内容之一，需要以更为空间化、动态化、科学化的方式来实施课程教学，例如将技术要素融入课程体系的设置，提高学生群体的接受度与参与度，以及与其他各类课程形成一体化的“课程思政”育人体系，有效促进各教育场域的良性空间互动。

其次，教育空间创新。若将思想政治教育的体制改革视为其空间优化的蓝图规划，那么教育系统的创新则是到达思想政治教育价值彼岸的航向指引。思想政治教育系统在体制上应归属于教育体制范畴，是由教育机构与相应规范结合而成的统一体，包括主管思想政治教育工作的各级政府部门、各级各类学校以及社会上具有一定思想政治教育功能的教育或组织机构，囊括了教育、行政、管理等诸多事务的开展与处理。但错综复杂的各类关系、权责不明的责任划分以及机械固化的思维模式导致各类教育系统难以取得理想的教育实效。新时代的思想政治教育，需要在人才培养、办学体制、管理体制与保障机制四个方面来全方位构建系统化、科学化、动态化教育空间系统，推进各级各类学校思想政治教育体系的整体系统规划，明确党政部门对于各类思想政治教育管理与服务的工作内容与权责划分，提升社会相关机构进行主流意识形态教育、引导的意识与责任，建立一个横纵交错、有机联动的思想政治理论课教学空间网络体系。

（二）社会转型助范式变换

技术拓展了空间，社会嬗变需要更大场域。思想政治教育教学的创新发展更需要转变理念，延展空间，寻求新时代人才培养与社会发展并肩而行的行为图式。高校思想政治理论课教学空间机制指涉的是思想政治理论课教学在空间场域运行过程中，其构成要素相互联系和作用的机理方式，反映着高校思想政治理论课教学的空间目标、规律，实现空间的能动性、主体性。

首先，主体思维统摄。思想政治理论课的教学需求莫过于人才培养，因而思想政治教育机制当中的教育主体要素是首先应给予关注的。主体思维在这里指涉两个方面：一是注重受教育者的主体性，二是提升教育者的主体意识。对于前者，在传统意义上实施者为教育主体，接受者为教育客体，主客体身份相对固化，然而时代的变迁使思想政治教育主客体概念的适用性已相当有限，譬如网络空间的出现赋予了受教育者更大的生活实践场域，其主体性得到前所未有的释放和发挥，与之相对的教育者主体地位则被“隐匿”了，主体客体化和客体主体化正在不断生成和演化。面对教育者与受教育者主客体身份的不断变换，应当思考如何在不同空间场域中最大程度调动受教育者的主观能动性，在其学习和工作体验中自觉地将自己从“客体”悦纳为“主体”，将主体意识辐射开去，形成人才培养的有机叠加效应。对于后者，面对着比以往任何时代拥有更广泛的信息来源、更丰富的实践空间、更激烈的思想激荡和更严峻知行离散的新时代教育对象，尤其是大学生群体，教育者必须努力提升自身作为一名坚定的马克思主义工作者的主体自觉意识，不断强化理论素养以及对中国道路的坚定信心。面对思想政治教育工作，要以空间化、国际化视野审视各类问题，深层次把握各类社会思潮，从本质上做出恰当的价值判断；面对思想政治教学工作，既要有学理性的透彻分析，也须结合现实情势做出合理引导，研究不同学生群体的认知规律和接受特点，积极启发其主体性，全方位增强教学实效。

其次，空间机制形成。思想政治理论课教学空间机制除了包含起主导作用的思想政治教育主体之外，其教育空间的目的、空间行为的控制与保障等方面都是确保人才培养和社会发展的重要维度。思想政治理论课教学空间的目标设置是影响其机制运行的重要因素，要科学设定各类思想政治教育工作的总体目的与分项目的。注意把握不同空间场域之间终极目标与阶段性目标的统摄与观照关系，各级各类目标之间应是相互关联甚至可动态转换的。思想政治理论课教学空间运行的控制对于最终达成其空间目标的设定起着至关重要的作用，其可以被简化为常态控制机制与非常态控制机制两个层面。对于前者来说，虽然思想政治理论课教学空间具有动态化、流动化的空间属性，但是各空间内部物质、信息和能量的交换需要一定的过程，各类实践交往关系在一定时间范围内处于相对稳定的状态，因此构建常态化的控制机制十分必要，例如各思想政治理论课教学空间子系统内外部的沟通，针对各阶段目标时间节点的设定以及实施过程的具体把控，以及以空间矩阵的思维采取思想政治教育项目管理模式，即根据特定的教育工作与活动特征，可以召集、利用不同系统、部门、层级的空间资源要素，灵活配置与调动资源。非常态控制机制则是针对突发性状况建立的一种应急预警机制，旨在以机动联动的方式保障思想政治理论课空间机制的稳定运行，从而切实提高思想政治理论课教学实效。

（三）内生动力促空间互通

高校思想政治理论课教学空间的内生动力指涉的是空间系统内部因维持生存发展而产生的自发动力，其可以有效应对外界压力、强化自身张力。当前，虚拟空间的发展演进以及实体空间的生产整合，在呼唤着彼此进一步加深交往互动的同时深层次地激发着新时代思想政治理论课教学空间的创建与优化。

首先，虚拟空间演进。新时代的思想政治教育需要统摄线上线下两个空间场域已是不争的事实，只有思想政治教育在虚拟空间中也成为对象性的存在，才能确保两个空间场域的互联互通、共生共荣。如何使主流价值理念固定在虚拟空间的受教育者头脑之中，成为其虚拟实践活动的指导？这需要深刻把握虚拟网络空间之中思想政治理论课教学运行的相关规律，要防止信息技术对教育本身的消极解构，以及从环境、内容、效果等多方面对于教学文化构成品质的异化。换言之，互联网络与信息技术破坏了日常生活空间的完整性与连贯性，而思想政治教育教学工作者媒介素养的缺乏以及对教育规律的认知不足可能导致网络互动不足、活动意义稀缺，符号信息在一定程度上制衡了传统文字的内视性、想象性。只有深入思考网络技术特质与思想政治教育内核的根本关系与相互作用，虚拟空间才有可能真正作为思想政治教育的对象化存在，需进一步探索网络空间对于学校教育、社会教育、家庭教育等阵地的深化与内化，同时推进网络思政教学管理机制的科学化和民主化。

其次，实体空间整合。自马克思的《德意志意识形态》开始，物质生活与生产关系的生产与再生产已成为人们关注的焦点之一，之后列斐伏尔的空间生产理论俨然使其能够从更加本质与核心的角度来分析和批判资本的运行以及资本主义社会的发展，这对于新时代思想政治理论课教学空间的优化与拓展具有十分重要的指导意义。思想政治理论课教学本质上即是主流意识形态的教化与价值理念的培养，不可避免地会遭遇到西方资本主义意识形态和其他非主流意识形态的挑战甚至破坏，对其生产方式和社会发展的深层解构有助于我们从根本上把握其发展内核，及早地将其“剔除”或“隔离”。根据马克思和列斐伏尔对于资本主义生产方式的分析，其之所以能够长存不衰是因为资本主义在对自然空间渗透的同时，也将社会关系按照资本的逻辑进行了重构，同时将其资本关系触角深入日常生活当中，在占有空间的同时将自然、政治、经济、文化等各类关系投射到空间之中，从而实现了差异性的空间重塑与再生产。在此过程当中，资本主义试图打造一种更具包容性、工具性的空间结构，以一种更加神秘化、抽象化的方式重组时空秩序，带给处在空间之中的人们一种碎片化、流动化、离散化的日常生活体验，使其难以对社会进程形成总体性的把握。因此，新时代思想政治理论课教学空间的构建势必要突破传统的时间—历史的叙事逻辑，以一种整体性的空间整合与生产逻辑为理论始基，改变思想政治教育的固化范式。

二　联通社会育人空间

高校思想政治理论课教学空间的内容要素除了学校教育，还囊括了社会教育和家庭教育，对于高校思想政治理论课教学空间的功能而言，联合一切社会力量来进行思想政治教育教学，尤其是从制度化的视角，有利于提升主体的空间实践体验以及扩大主体的社会实践领域，促进个体与社会之间的全方位沟通交往以及资源分享，对于思想政治教育学科来说，也能更好地与国家教育机构、组织进行深度空间融合，制定更合理的思想政治理论课教学框架。

社会力量参与到思想政治理论课教学之中无疑会促进组织与个人之间的交往与沟通。当前，现代化的快节奏生活给人们带来了诸多空间疏离之感，思想政治教育的社会实践在促进受教育者沟通交往的同时，也会在无形当中提升民族意识的养成以及民族精神的认同。同时，思想政治教育在社会育人的过程中，会存在区别于学校教育的正规形式，许多非正规或非常规的教育方式由于场域的变换、情感的因素等更易被受教育者所接受并且悦纳，在持续的、常规的交往之后，会为个体与组织之间奠定一定的认知与理解基础，促进思想政治理论课教学社会空间的形成与塑造。此外，相关的制度空间也不容忽视。思想政治理论课教学离不开一系列制度的安排与保障，思想政治理论课教学空间的构建自然也与思想政治教育相关制度框架相辅相成。应重视学科制度的建设，包括各层级人才的培养与规划，提高相关研究人员的专业化与职业化水平，在符合法律、法规、政策等的情况下，寻求自身制度的平衡甚至创新，从而更好地为思想政治理论课教学提供保障与服务。

社会育人空间的互联互通属于思政课教学空间之实践的空间转向。

（一）物理平台空间变换

物理平台空间在当前仍然作为高校思想政治教育的重要实践场域存在，其在形式或内容上的转换和变化对于思想政治理论课教学空间系统内部各类社会交往关系的实践效力与效度起着不可小觑的作用。对已有物理平台空间价值的深入挖掘以及主导实体空间实践的主体要素整合是物理平台空间变换的实践逻辑。

一是升级平台规划。政府、学校、社会主导着各级思想政治教育空间物理平台的规划与设计，当前以空间化的思维指导各类物理平台场域的配置与规划已然是空间转向的实践逻辑。首先，提升党组织指导思想政治工作的内生力。各级党组织要基于不同的思政工作场域和受众特征，科学规划人员配备、平台匹配、考核体系等相关议题设置，深入挖掘社会主义思想在系统空间思维下指导思想政治教育工作的内生动力，增强党组织在空间场域的指导力、表现力与包容力。其次，提升学校开展思政教学的整合力。课堂教学与日常思想政治教育相结合，校内教学与校外实践相结合，全面整合学校教育场域的人、财、物等各项要素，将各部门都纳入思想政治教育教学的协同共建系统，构建知识与信息共享、价值与意义共承的意义区间。再次，增强思政教育社会资源的吸纳力。社会空间之中的思想政治教育主体要素不容忽视，既要维护已有的，也要挖掘潜在的。进一步强化科研机构、纪念馆、博物馆、展览馆、文物保护单位等机构的文化教育与理念传承功能，利用市场机制与信息科学技术提升思想政治教育的多样性与趣味性，明确其教育特性与空间属性，协同家庭教育主体，提升主体要素在思想政治理论课教学空间的合力与活力。

二是优化平台空间。在人们社会生活的公共空间之中，存在着一类完全或者部分具有思想政治教育功能的物理空间领域，这类实体空间发挥着持续性的思想教化功能。新时代物理空间平台的优化与构建，可从以下两个维度展开。首先，挖掘空间教化价值。包括各类纪念性空间在内的实体空间具有在场的显性与不在场的隐性教化特征，应尽可能地发挥各自价值功能，达成二者的相互呼应和内在契合。就前者而言，在设计或优化时，思想政治教育主体应与建筑学、美学、心理学、教育学等领域的专家合作，结合信息技术、空间位置、审美角度、心理暗示和价值共情等要素，创设一个在客观上与周围空间环境和自身表达主题融合自洽，在主观上又符合时代发展、具有生活气息的思政教育物理空间场域，对受教育者产生持续性的震撼力与吸引力。其次，注重空间叙事转向。当前，具有思想政治教育功能的实体空间大多属于纪念性空间，无论是个体性、公共性，还是建筑性、非建筑性，它们的共同作用是缅怀先烈、追忆往事、引发思考等。然而，此类空间在当今时代似乎未完全发挥出其应有的思想政治教育功能，甚至成为一个隔离的“空间孤岛”，其空间叙事方式亟待转变，譬如从历史化、苦难化的叙事方式转向时代化、改革化的叙事方式，在强调社会集体功能需求的同时兼顾个体化、个性化的需求，善于运用空间设计、网络科技、光电技术等赋予实体空间更多的“时代气息”，为受教育者提供科学化、合理化、生活化的空间实践体验，激发起其形成自觉的空间教育与实践需求。

（二）网络文本空间拓展

文本，是一个具有丰富含义的概念：它既是信息的载体和中介，也是信息本身；文本能够传递传播主体的意图，自身也具有一定的内在价值属性。网络文本空间是新时代思想政治理论课教学空间发展的产物，是于现实空间、思维空间之外新开拓的虚拟、数字空间，为思想政治教育的交往互动开辟了崭新的实践空间样态。

一是深化文本价值。网络文本是思想政治教育各相关交往主体在虚拟空间交往互动中，基于不同的网络教育目的所选择、采用的一种比特叙事方式，是一种符号与意义的组合。按其表达形式来划分，思想政治理论课教学空间中的网络文本可大致分为文字、图像、音频、视频等种类，具有承载信息、表达叙事、传承构建以及意识形态等功能。网络思想政治教育的内容涵盖了诸如社会、经济、文化等领域，关涉主体地位作用、网络平台搭建、价值理念传递等，根据不同的教育目的与交往关系，网络文本的选择具有灵活性、综合性。要寻求网络文本与网络思想政治教育目的在价值传递上的内在契合，需要首先深入研究各类文本要素的内在属性、结构功能以及价值指向，根据教育需求适当选择单一文本或者多样化的综合性文本，认知并掌握网络思想政治教育文本的生成、转化与优化条件与节点，将各类文本要素在整个虚拟空间中“盘活”，形成一个庞大的、动态的资源库，思想政治教育主体可以在相应的节点接入资源库网络，根据具体的任务及目标整合适当的文本要素，提高网络思想政治教育的实效性与科学性，同时促进文本之间的有效再生与转化。

二是创建文本系统。网络文本与传统文本相比，其内容形式、叙事方式、功能结构都具有动态、多样、复合化的特质，也能传达和容纳更丰富的网络思想政治教育交往关系。信息科技使网络文本的话语体系更简约、开放和综合，网络主体也愈加倾向于使用文字、图像、视频、音频甚至混合型文本来传递正式、戏谑、调侃等多种互动意图，换言之，网络文本催生了网络交往互动的多样性，网络交往又反过来促进了网络文本的网络思想政治教育场域内的适用与发展。网络文本不仅仅是某种单一或者混合的载体样式，而是具有多重符码的功能化体系，是虚拟教学空间场域内的重要载体。由此可见，思想政治教育要实现空间化的实践转向，应从以下几个方面着手：首先，建设文本系统需要一定的软硬件作为支持，在此过程中涉及信息产品的生产、交换、消费与共享等，需要考虑该信息产品是否能满足不同受众的利益需求，能否处理好组织干预和社会协同的关系，如何科学合理地运用信息技术来支撑思想政治教育各参与主体形成高质量、深层次的交往互动。其次，网络文本的低成本性、开放性等特质赋予了主体更公平的利益表达空间以及更广泛的对话平台，但对网络文本平台的监管不足以及群体参与程度不足等可能对网络交往产生负面影响，需要考虑如何把控网络文本体系对正向交往体验的引导与保持正确的价值倾向。

（三）精神文化空间优化

物理平台空间变换为思想政治教育物质空间实践提供了教育场域，网络文本空间拓展为思想政治教育虚拟空间实践丰富了教育载体，精神文化空间优化则为高校思想政治理论课教学空间理论实践优化了教育内容。精神文化空间是人类各种意识形态的集合地，是物质、虚拟空间实践观念的体现并与之相互作用、不断完善，关涉到社会群体的思维方式、价值取向、道德修养、心理状态、审美情趣等各方面。

一是实践逻辑转换。思想政治教育作为一种特殊的社会实践活动，自然有其自身的实践逻辑。思想政治教育实践逻辑是指教育者在一定的空间场域内，以特定的社会习性为标准，运用相应数量的资源要素，对受教育者展开持续性的习性培养与灌输，使其理解、掌握并运用场域内的各种资源，从而形成符合社会习性要求的个体习性。当前，对思想政治教育工作和教学过程中涉及的各步骤、要素均已有较为详细的研究，但对各要素之间相互交错的复杂关系却未有深究，然而空间场域本就是各类关系相互作用的意义区间，因此，思想政治教育的空间转向必然要求全新的实践逻辑指向。思想政治理论课教学空间实践的逻辑理路应是能够统摄理论与实践两者的行为图式，即理论指导实践与实践反哺理论可以是一对多、多对一、多对多的模式，因为思想政治教育的理论场域与实践场域存在着不同的本质特征、工作方式和资源类型，这些因素制约和影响着思想政治教育的实效性，而新时代思想政治理论课教学空间实践逻辑的转换方向定是以合理实现社会、经济、文化资源要素的利用与转换，促进思想政治理论与实践场域的互通融合为旨归。

二是意识空间再生。精神文化空间的根本属性是意识形态性，因此对精神文化空间的优化在某种程度上即是已有意识空间的再生产。思想政治教育本质上是以价值共识与情感共鸣为旨归的，意识形态教育是其核心内容，思想意识空间的再生产研究对于优化空间教育具有极强的现实指导意义。首先，意识空间的再现。精神文化空间表现为不同学科中的观念与概念，各种思想活动在此空间中碰撞与作用，构想出相应的语言符号系统来指导对于现实空间的构建。对于思想政治教育意识空间来说，要用意识形态理念来引导人们的社会实践行为，加强空间语言符号的构建能力，使其具有更强的现实生活观照力，譬如针对不同的社会实践领域构建有所差别的话语符号体系，弱化文本话语和意识形态话语，强化生活话语和非意识形态话语，提高思想政治教育话语体系在不同空间领域的适用性与包容性。其次，再现的意识空间。根据对于精神文化空间价值引领力和实践指导力的优化与再现，提炼出相应的空间理念体系，将其运用于该空间的再生产。思想政治教育传递的主流意识形态应该作为一种具有丰富内涵的人化因素存在于空间之中，一方面对现实生活中各种社会关系进行合理合法的论证与解释，另一方面对现实生活给予价值规范和精神引导，使各类社会关系在空间之中合理、持续地运行，进一步推动思想政治教育意识空间的再生产。在此过程中，要防止主流意识形态在相关空间的脱域现象，避免给其他非主流或者反主流意识形态的“在场”提供可乘之机，生活化、个性化的空间策略是新时代思政教育意识空间的再生产应有的价值意蕴。

三　打造全面发展空间

高校思想政治理论课教学的目的是培养符合社会主流意识形态的合格公民，从而最终促进人与社会的全面发展，因而高校思想政治理论课教学空间必然具有为受教育者提供全面发展空间的功能与职责，社会生态观是空间系统功能建设的重要视角之一。当然，随着信息技术的进步和数字化的发展，对于虚拟空间的建设与维护也必须纳入空间系统建设之中，技术要素的嵌入对于新时代非制度空间，即社会生态空间的维护和保障也十分必要。

社会生态囊括的范畴很广，不仅仅指狭义上的生态学意义，还包含了经济、政治、文化、心理等领域的生态状况和意义，受教育者是社会人群，必然在思想和心理上受到社会生态状况的影响和映射；另外，思想政治理论课教学的重要目的之一也是培养具有现代生态文明素养的公民，提升受教育者的生态意识与觉悟，正确应对各个领域的生态问题。思想政治理论课教学空间面对的是一个动态、灵活、复杂的教学要素系统，只有在生态观的指导下才能协调空间之中出现的各种冲突，协调安排空间格局，合理布置教学活动，包括与思想政治教育系统外部全程的对接与交流，真正实现思想政治理论课教学空间的和谐生态运行。此外，面对新时代科技带给受教育者生活以及学习方式的改变，虚拟空间环境也是思政课教学空间系统需要重视的一个子空间领域。由互联网络、新型媒介、移动终端等构成的虚拟空间为思想政治理论课教学提供了前所未有的教学形式与教学体验，是对现实教学空间的补充和延伸，但其虚拟性、多元性与技术性也使思政课教学面临着更多更新的挑战，因此在拓展线上虚拟教学空间的同时，需要进一步完善思政课教学虚拟空间的技术性、安全性、制度性，重视对于网络社群意见领袖的培养和虚拟空间文化的建设。

全面空间的发展打造有赖于技术支持对于思政课教学空间的基础保障。

（一）技术介入空间构建

技术要素介入高校思想政治理论课教学空间的建构是在新时代有效开展思想政治教育的必然要求，将技术思维有效转化为理论的组成要素是思政教育符合信息社会生产关系的必然趋势。当前，技术要素未能以整体性、空间化策略融入思想政治理论课教学空间规划，难以充分发挥出技术支撑功能，已有的技术手段和模式亦没有得到深层次的应用。鉴于此，以下几点可作为技术介入的参考维度。

第一，信息交往不断演变。工作方式的信息化、教学活动的媒介化等使得网络空间成为社会交往活动的主要场域之一。在网络空间之中，参与主体之间在媒介素养、交往内容、行为方式等方面的差异势必造成交往活动的多样化，同时，网络交往互动过程中存在的传统价值规范的主观忽视和客观缺失，一定程度上加剧了网络交往过程中的随意性与不确定性，因此思想政治教育受教育者在网络社会生活当中面对多样化的网络实践体验方式与多元化的文化意识形态时，就会在客观上加大选择和接受主流意识形态引领的难度，在思想政治教育交往互动时也会产生更大的随意性和离散性。此外，种类繁多、功能广泛的网络媒介赋予了网络主体形式各异的网络身份，媒介模式、线上线下的迅速切换使得每一种网络交往关系都呈现出非连续、碎片化的状态，信息交往的海量化与交往媒介的微型化切割了交往关系的连续性，降低了传统互动的深度。

第二，技术入场议题设置。一种技术的产生与发展往往能在较短的时间内带动生产生活发生巨大变革，究其原因，技术是人们创造出来的对于自身认识和改造世界能力的肯定，可以进一步优化对社会实践的体验，这背后往往蕴含着与该技术相关事物的关联性，对潜在价值的挖掘力以及对未来趋势的预测性。受教育者在网络空间中的行动轨迹具有多样化、随意化的特性，很难掌握其内在存在的必然因果性，然而通过在思想政治教育过程中借助技术手段的辅助和虚拟空间活动信息的采集，通过对事物关联性的算法统计与分析，能够更加准确地把握受教育者的行为习惯和思维模式，及时发现问题并予以干预和引导，譬如根据其当前关注的热点问题适时推送个性化、精细化的教育内容与信息，使其在不自觉中接受主流意识形态的熏陶与感化。另外，对于社会问题的调查与处理方面的技术要素介入显然比起诸如问卷调查等传统社会研究调查方法更具有代表性、精确性和预测性，可以提升思想政治教育工作的时效性与有效性。

（二）全面助力教育实践

技术，这一概念指涉的是人类在认识和改造世界的过程中积累起来并在劳动与生产当中表现出来的经验、知识与技巧，技术从诞生之初就与人类的社会实践密不可分。现代思想政治教育作为新时代以立德树人为目标的一种特殊的社会实践活动，技术属性应是高校思想政治理论课教学空间系统的本质属性之一。当前，在思政课教学现实空间与虚拟空间的构建过程中，或多或少都有对于技术元素的容纳与运用，未对技术属性的本质内涵形成深层次把握，难以以系统化的空间技术性思维来指导教育工作的有效开展与实施，导致了教育实效性的不理想。

第一，发挥数据功能优势。信息的海量化与数字化催生了大数据、云计算等技术手段，就思想政治理论课教学空间的优化看来，不仅要利用数据的技术性优势，更应将其转化为空间建设的功能化优势。所谓功能，指事物发挥的持续有利的作用与效能，是一种内在的本质属性。换言之，思想政治理论课教学空间应将运用数据化技术手段作为一种常态化的教育方案与策略，这背后映射出的是一种技术思维与教育实践的深度融合，而不仅仅是对数据优势的简单运用。大数据、云计算等技术手段除了具有筛选、整合、分析海量信息数据的能力，对于思想政治教育在时空上的延展以及对已知与未知要素的关联都具有较大的作用，同时对于空间参与主体的信息化素养和管理机制也提出了要求。思想政治教育者应努力运用差异性、动态性和关联性的思维模式将数字技术融合进活动时间和空间建设中，努力探寻数据运用的空间规律，提高解决实际问题的针对性和精准性。

第二，创建技术支持系统。新时代思想政治理论课教学空间优化所需的技术性要素应是一个综合化、系统化的技术体系，既包括技术性手段，更体现出技术性思维。该技术体系在社会主义核心价值理念引导下，结合思想政治教育规律和空间发展规律，将现代教育技术贯穿于思想政治教育工作和教学的开发、设计、管理、评价当中，以提升思想政治教育实效性为价值旨归。思想政治理论课教学空间技术支持系统应具有鲜明的价值取向，能支持不同空间领域的思想政治教育活动实践，满足不同思想政治教育与现代社会空间领域发展的综合化、科学化、规范化教育需求。首先，系统化设计技术。结合受教育者信息、社会发展需求和空间场域特点等结构要素，针对思想政治教育各环节制定科学化的方案与项目，确保各技术要素的相互适用与合力共鸣，注重发挥思想政治教育技术的整体性功能。同时，因为思想政治理论课教学空间具有明确的意识形态属性，在设计与实施技术体系的过程中要加入相应的领导决策因子，确保技术系统发挥正确的功能导向。其次，数字化开发技术。当前信息化、数字化的时代发展浪潮推动着思想政治理论课教学空间构建一整套包括教育资源的开发、组织、应用、创新等环节在内的技术体系，实现教育信息在更多空间场域的互联互通和资源共享，创设数字化的人才培养氛围与环境，但这对于技术构件和人员配置都有较高的要求。再次，管理化评价技术。现代思想政治理论课教学空间是一个动态的平衡空间，物质、信息、能量在空间内外不断地传递与转化，对思想政治理论课教学空间活动给予科学化的管理与评价是维持空间生态的重要技术手段。信息技术对于受教育者的空间实践行为应具有事前预测、事中监控和事后反馈的功能，以一种全过程、交互式、动态化的评估方式和评价指标更及时、有效地指导和调节受教育者的思想与行为。

（三）预防空间技术异化

技术异化，指涉的是人们利用科学技术创造出来的对象，不再服务和服从于人类的相关社会实践活动，反之日益成为控制、支配人类的外在力量，使人丧失主体自由，精神世界空虚，物化为科技力量要求下的工具性存在。思想政治理论课教学空间场域内的技术异化，则是指思想政治教育相关主体在各空间社会交往实践当中，由于对技术因素的介入、运用与掌控不当，难以在社会主义核心价值理念指导下最终实现自身全面、自由的发展。

第一，空间技术异化表征。高校思想政治理论课教学空间涉及社会教育、学校教育和家庭教育等多个空间教育场域，在不同的空间领域技术异化的表现形式各异。从社会层面，有时利用大数据对参与社会实践的受教育者进行数据样本分析是必要的，但受教育者的知情权和隐私权可能会因此难以得到尊重与保护，甚至经过算法过滤之后的个人信息也可能会被泄露，甚至用于商业利益交换。在学校教育层面，教育者的信息媒介素养难以匹配其教育和工作需求，不能全面掌握各类教育技术的特质与功效，加之对数据的崇拜与偏信，造成信息资源和人力物力的浪费。同时，电子商务和移动支付的盛行使得学生群体的消费需求得到前所未有的激发与满足，各类 App 的精准推送和诱导消费使得学生难以形成理性的消费观和正确的价值观；此外，对于社交软件的高频使用不同程度地降低了学生群体与人交往、自我表达的能力，对搜索引擎等的过度依赖也阻碍了其独立思考、探索思辨认知能力的发展。

第二，空间技术异化预防。首先，完善数据管理制度。面对思想政治理论课教学空间技术异化现象，法律制度仍然是首要保障力量。加强对于数据使用的安全审查制度，严格准入制度，对于受教育者空间数据的采集、使用、发布进行动态监控，防止个人隐私的对外泄露、知识产权的侵害以及教育涉密信息的非法传递。其次，提升教育相关主体的信息素养。教育者应提高理论修养和媒介素养，合理设置思想政治教育活动中技术因子含量和技术使用方式，也要着力强化技术主体的道德素养和政治立场，坚持人文精神与科学精神的统一；此外，应设法提高受教育者，尤其是学生群体的信息甄别能力，防止信息技术对于日常生活的进一步碎片化和分割化，通过一系列的手段和措施促使其形成独立、深入的思维习惯和认知模式，使其明确技术因素对个体主体性发展的从属和辅助地位。

第五章

高校思想政治理论课教学空间的历史演进、需求动力与基本机制

时间与空间是人们观察和认识事物的坐标体系，时空当中的任何事物都与时间与空间密不可分，但二者又有各自独特的特征。时间的流转构成了历史的长河，历史的最大功能即是可以让人们从中发现事物的本质与原则，并给予素材、明确规则、指导实践。对高校思想政治理论课教学空间演进历程、需求动力与基本机制进行梳理与研究，能够使我们更好地观察在特定的时间与空间当中思想政治理论课教学空间的发展特点，自身内部与外部社会空间环境的相互作用与内在关联。

第一节　高校思想政治理论课教学空间的演进历程

高校思想政治理论课教学空间在不同的时间以及社会发展阶段，其结构、功能、模式等都在发生着不同程度的组合与积累、分离与扩散、连续与更迭等变化与演进，从最初的空间雏形逐渐扩张到一系统化的空间连续体，通过研究空间之中的要素如何排列组合，参与主体如何交往，社会结构如何变化来逐步探寻出思想政治理论课教学空间在基于参与主体的交往活动以及空间结构变化之上蕴含的稳定化、动态化、系统化的动力机制，从而更加深入地理解和把握当前思想政治理论课教学空间的发展与演变趋势。

在我们所处的社会空间之中，每一个事物都具有自身独特的特征，

个体之间存在异质性，每个个体自身发生着渐进的转化，在一定的时空当中存在着一定的连续性。当这个个体碰巧是人的时候，其情况则更为复杂，而思想政治理论课教学空间以立德树人为价值旨归，其空间的演进囊括了空间整体及其要素的现实连续性以及个体的异质性，其复杂性与特殊性可见一斑。思想政治理论课教学空间的演进既受到整个社会经济、政治、文化、生态等空间场域的影响，也受制于学科自身的发展水平，其演进过程就是思想政治理论课教学空间内外所有要素交互作用的结果。综合来看，思想政治理论课教学空间演进的时间跨度大、范围跨度广，其演进模式在教学模式、方法和路径上各有呈现，从建党之初的雏形展现，到探索调整、逐渐规范建设，再到如今的创新发展，映射出思想政治理论课自身和所处社会历史阶段空间的多样性与差异性，表征出思想政治理论课教学发展的日趋完善。

一　高校思想政治理论课教学空间的初步形成

马克思主义理论在中国的最初传播可以追溯到李大钊 1920 年在北京大学针对社会科学专业的学生开设相关课程或者讲座，但以课程的形式开始马克思主义教育应该是始于中国共产党成立之后举办的各类干部培训学校，以及抗日战争和解放战争时期建立的各类高等学校。尤其是新中国成立以后，思想政治理论课以更规范化、制度化的方式在更大范围内展开。

在毛泽东创立的湖南自修大学中就开设有诸如政治经济科，意在引导学生们将马克思主义理论与当时中国面临的实际问题相结合。除了以专题报告的形式进行理论学习之外，自修大学的学生可以在教师的指导下进行研究和探讨，学习的场所可以自选，倡导的是理论学习与生产实际相结合的新风尚。在由国共两党创办的上海大学中，瞿秋白开设了社会学，蔡和森主讲社会发展史，张太雷讲授帝国主义论，李季则主要负责资本论的教授等，涉及马克思主义哲学、政治经济学等领域的理论知识，上海大学十分注重实践的作用，所以学生们经常利用课余时间参与到工人群体的实践当中，秉承着知识分子与工人农民相互学习的原则开展教学活动。黄埔军校也是当时极具代表性的马克思主义理论课程的开设地之一，培养出了大批政治军事人才。当时军校开设的相关课程已经涵盖了马克思主义理论知识，包括中国及世界政治经济状况、帝国主义发展及侵略史、社会主义运动及进化、三民主义、农村问题研究、农民及青年运动等，经常举办各类形势报告与政治讨论来引导学生对于时政问题进行分析与解读，了解国内外社会形势，且编辑出版各类宣传品、画报、丛书和文集等来大力宣传政治主张，其形式多样的教学模式对之后优秀人才的培养功不可没，但从整体来看，其思想政治理论课的开设还未形成系统性。

中国共产党建立革命根据地之后，随着对马克思主义理论的进一步运用，拥有了更大程度上的办学自主权，各高等院校无论是在课程开设上还是理论实践上都逐渐走向深化。例如当时的中国工农红军大学和各根据地举办的苏维埃大学，开始系统地开设有关红军政治工作、共产党建设的理论课程，旨在更加契合革命根据地建立之后将马克思主义理论更加中国化、本土化的价值取向。结合当时的革命战争形势和需要，教学工作更加符合当时的社会发展实际，学生在参加政治课程学习之余还要参加生产劳动，亲自参与校舍修建和农林畜牧等一线生产生活劳动当中，协助当地群众服务于革命根据地的建设与巩固，甚至赶赴前线，体验与积累作战经验以丰富教学内容，动员全校师生定期进行军事训练。此外，已经开始设立党校，用于党员干部的选拔和培训，需要系统学习马克思主义理论、党的建设、自然与人文科学等理论知识，定期召开支部及小组会议，开展批评与自我批评，促使学员深化对理论知识的理解，强化理论联系实际和服务社会的功能，以更加生产化、生活化和民主化的方式来学习马克思主义理论知识。

进入抗日战争时期以后，全国各地的进步青年纷纷涌入共产党建立的革命根据地，由于这些青年来自不同的地区，拥有不同的家庭及教育背景，要想将其吸纳为有效的抗日力量还需要对其进行系统的思想政治教育。当时在抗日革命根据地主要存在三种具有高等教育性质的学校，分别是抗日军政大学，主要负责短期班的培训，以及类似于延安大学的综合性学校，另有一些专业性的培训学校。总体来说，当时思想政治理论课教学的特点是主张理论联系实际，理论知识学习坚持少而精，鼓励学生以小组讨论、大组座谈以及自学等自我教育的启发式学习方法为主，鼓励受教育者参与到工农实践当中去，争取在生产生活实践当中改造自我。但在当时的教学过程中，一些问题也开始凸显，比如思想政治理论课教学与社会实际需要脱节，学生熟知马克思主义的原则与概念，甚至可以背诵马列经典原著，却不了解中国当时的经济社会发展状况和国际发展形势，更难以利用马克思主义理论知识来分析和理解当时中国革命的具体情况和特点。于是开展了整风运动，目的之一便是纠正这种理论教学脱离社会实际的现象，指出学生学习马克思主义理论知识最终还是要指导自身促进中国革命和社会的发展，因此除了马列经典以外，还应该深入学习和了解中国的历史和现状，以引导、启发、实验的方式，以中国革命的实际问题为载体来开展思想政治理论课教学活动。随着中国共产党第七次全国代表大会的召开，思想政治理论课的教学开展又多了一项理论指导纲领，即毛泽东思想被列为马克思主义理论教育的主要内容之一，这也是马克思主义中国化的重要成果。随后开展了一系列的理论联系实际的教学活动，辅之各类文体活动以及民主管理，营造了一种既严肃又活泼的思想政治理论课教学的空间氛围，结合当时的土地革命和解放战争，获取了在斗争中开展思想政治教育工作的实际经验，也为日后针对不同层次和类型的学生开展思想政治理论课教学提供了思想资源。

新中国成立之后，马克思主义理论类课程作为社会主义课程区别于其他类别的课程体系，国家开始在全新的社会文化空间内开展思想政治教育探索，各级各类学校也将马克思主义理论相关课程列入教学章程。当时还没有统一的教材和大纲，除了艾思奇的《历史唯物论、社会发展史》与毛泽东的《新民主主义论》之外，多采用苏联的教科书以及各校自己编撰的讲义来进行教学。在接下来的两三年里，思想政治类课程得到了很大的重视与发展，但仍然处在课程设置的初期，许多人包括教育者本身对于思想政治类课程的性质和与其他课程的区别并不清楚，甚至将二者对立起来。于是在 1951 年教育部下发了相关指示，明确指出政治课与其他课程具有同等的地位，对于培养学生正确的世界观、人生观、革命观，树立为人民服务的思想具有十分重要的基础性作用，各高等学校应给予重视，应当配备规范的教学组织来进行系统的课程讲授，避免和纠正认为政治课只服务于革命的思想误区，减少政治课与其他业务课的脱节现象。从 1952 年到 1956 年，思想政治理论课课程建设体系初步成形。自 1953 年开始，综合性大学与师范类院校的马克思主义理论课课程主要为马列主义基础、辩证唯物主义与历史唯物主义、中国革命史、政治经济学四门。1956 年教育部以文件形式确定了这四门课程为高等学校思政理论课程的教学试行方案，也促进了思想政治理论课课程体系的初步建立，思政课教学空间雏形已现。

二　高校思想政治理论课教学空间的深化调整

1956 年到 1966 年期间，我国的新民主主义革命基本完成，社会主义制度开始全面建设，而人才是关键。为了尽快培养符合社会主义建设的接班人，高等教育尤为重要，思想政治教育教学就更是重中之重。这十年的思想政治理论课教学在前十年初步建立的基础上开始进行深化与调整，空间形态也在探索中继续构架。随着社会主义改造的基本完成，我国社会的基本矛盾发生了根本性的转变，加之当时国际形势的变化，毛泽东在 1957 年 2 月发表了《关于正确处理人民内部矛盾的问题》的讲话，他指出："在知识分子和青年学生中间，最近一个时期，思想政治工作减弱了，出现了一些偏向。在一些人的眼中，好像什么政治，什么祖国的前途、人类的理想，都没有关心的必要。好像马克思主义行时了一阵，现在就不那么行时了。针对着这种情况，现在需要加强思想政治工作。不论是知识分子，还是青年学生，都应该努力学习。除了学习专业之外，在思想上要有所进步，政治上也要有所进步，这就需要学习马克思主义，学习时事政治。没有正确的政治观点，就等于没有灵魂。”[①] 这个讲话在青年群体当中引起了很大的反响，很多高校由此开展了关于政治与业务关系的讨论与辩论。在同年底的12月10日，国家下发了《关于在全国高等学校开设社会主义教育课程的指示》，明确规定将毛泽东的这篇讲话作为进行社会主义教育的主要内容，原有的四门政治课一律停开。虽然教学方式除了讲授和指导之外，仍然组织充分自由的讨论与辩论，但是由于当时阶级斗争的扩大，政治课程代替了理论课程，这对才刚刚建立的思想政治理论课教学课程体系以及空间结构造成了一定程度的破坏。直到1958年4月，教育部根据对各高校思想政治课教学情况的评估和反馈，决定再重新开设马列主义基础、辩证与历史唯物主义、政治经济学三门课程，以改善当时的教条主义和修正主义倾向。随后在同年下发的《关于教育工作的指示》中也指出，教育工作在一定时期内存在着教育脱离实际和社会生产的问题，强调今后的高校教学必须进行马列主义和思想政治教育，重视脑力劳动与体力劳动相结合、教学同社会生产实际相结合。到了1961年4月，教育部发出了《关于1961—1962年度上学期高等学校共同政治理论课安排的几点意见》，指出当时思政论课教学内容的设置与规划不科学，主要源于教材的匮乏，教师数量并且教学经验不足，学生对于马克思主义理论知识掌握得不够，提出应该根据学校类型和专业来安排上课的门数和学时，例如文科类各专业应该设立四门，其他专业为两门，专科学校一般设立一门等。在一定程度上改善了当时一味强调生产劳动的倾向，将课堂教学重新纳入正规教育序列。同时，随着研究生数量的增长和规模的扩大，对于思想政治理论课程的规划也提上日程。1964年随着《关于改进高等学校、中等学校政治理论课的意见》的下发，党内政治思想进一步向左倾方向发展，思想政治理论课的政治功能得到了强化，指出高等级中等学校学习政治理论课的根本目的是用无产阶级理论来培养革命的接班人，坚决反对教条主义和修正主义，但也进一步规范了思想政治课

① 《毛泽东文集》(第七卷)，人民出版社1999年版，第226页。

的教学模式，例如应采用启发报告和讨论的方式来引导学生自发读书和思考，教师也要对学生面临的问题给予建设性的总结或者解答，不断提高学生的思想理论水平，同时规定了要在一定时间期限内参与一定数量的社会主义教育运动和社会实践活动。总体而言，1956—1966年这十年期间，教学功能的政治化等政策导向引发了思政课教学空间的发展出现了偏斜，但整体上马克思主义理论体系得到了完善，教材编撰和教师队伍以及授课方式等都得到不同程度的提高，这无疑是有利于思政课教学空间之稳定的。

从1966年5月到1976年10月这十年时期，中国整个经济社会都遭受到了巨大的挫折，学校的思想政治理论课教学也难以幸免，甚至出现了严重的倒退。1967年颁布的《关于教育革命的几个方案》中指出，进行无产阶级革命需要依靠广大师生和工人阶级的积极参与。在这样的文件精神下，各级各类学校原有的教学秩序被打乱，教师、学生被大批派遣到工厂和农村进行所谓的教育革命实践，工宣队也相继进驻各个高校，甚至大批教师与干部家属被下放到农村插队，思想政治理论课教学空间面临被瓦解的风险。1970年下半年，高校逐渐复课，但形势仍然严峻。宣传政治争斗与阶级斗争仍然是思想政治理论课教学的主要目的和首要任务。直到1976年10月以后，思想政治理论课教学才得以喘息，但正常的教学活动在很长一段时间内仍然无法顺利开展。总之，思想政治理论课教学在这十年当中基本处于停滞和倒退时期，正常的教学秩序被完全破坏，刚刚建立的趋于系统化的马克思主义理论课程体系也被取消，正常的教学活动被一系列的政治活动生产活动所取代。

综而观之，从1956—1976年这二十年间，经过不断探索与调整，思想政治理论课教学空间从最初的零散化逐渐走向系统化，一直处于曲折发展之中，甚至一度走到了空间离散的边缘，但是在教学方法、讲授模式以及结合社会生产实践方面还是积累了一定的经验。

三 高校思想政治理论课教学空间的规范建设

到了70年代末，伴随着高考的恢复以及我国改革开放政策的出台，高校的思想政治理论课教学也开始迎来了新的发展空间与契机，开始逐步恢复。1980年教育部《关于印发〈改进和加强高等学校马列主义课的试行办法〉的通知》，指明了马列主义课程的地位、任务、大纲、教材和学时等，并提出应组建相应的马列主义教研室和教研组。这一系列文件的制定与实施将思想政治理论课教学空间又重新拉回了正轨。

党的十一届三中全会之后，随着社会主义现代化建设目标的提出，思想政治理论课的课程体系也随着高等教育的发展而再次恢复。1985年8月1日，《中共中央关于改革学校思想品德和政治理论课程教学的通知》下发，对各级各类学校的思想品德类课程都做出了明确的规划。《通知》的下发，标志着以改革开放为时间节点的全新思政课教学方案的产生。在此方案实施的过程中，这四门课程对于教师的要求相对较高，不少高校的教师难以胜任，于是1987年3月17日，国家下发了《关于进一步改革高等学校马克思主义理论课（公共课）教学意见》，明确各级各类学校可以根据实际情况采取相应的改革方案。1991年8月，国家教委会下发了《关于加强和改进高等学校马克思主义理论教育的若干意见》，强调要保证教学工作的稳定开展，具体情况可以做灵活调整，比如在囊括马克思主义原理教学要点的前提下，课程可以以大课或者几门小课的形式开展，并且要增加对国际政治经济状况的介绍与把握，以顺应当前改革开放的需求。可见，1985年制定的改革方案还是根据当时的实际情况预留了很强的思想政治理论课教学空间弹性，马克思主义理论课教学仍然处于恢复期，最需要的就是空间的稳定性与发展性，因此教学方案在根据现状定稳基调的前提下，赋予了各个高校灵活制定思政课教学体系的权力，为后续的思想政治理论课教学空间的稳定发展打下了基础。此外，值得注意的一点是，自改革开放之后，受教育者开始关注形势、政策、民主、法制、道德、理想等各方面的问题，广大思想政治教育者也察觉到这方面的教育需求，于是在 1987 年 10 月 20 日，国家教委会下发了《关于高等学校思想教育课程建设的意见》，提出各高校应该开设与法律基础以及形势政策两方面相关的相关课程，其他领域，诸如素质修养、职业道德等可酌情在一、二、三年级选择性开设。此外，国家对于高校本科、硕士、博士阶段的思想政治理论课的课程设置做出了细化规定，例如不同专业、学位层次的课时数和开设门数。1985 年思政课改革方案的出台，标志着思想政治理论课程体系的逐渐完善与发展，强调在教学方法上要尽量避免注入式教学，开始寻求符合时代发展要求的教学模式。

随后高校思想政治理论课课程体系日益完善，思想政治理论课教学空间进一步发展，但在改革开放的十几年里国内外形势发生了很大的变化，尤其是邓小平理论在党的十五大后被确立为中国共产党的指导思想，于是 1998 年 4 月 28 日，国家下发了《关于普通高等学校开设“邓小平理论概论”课程的通知》，要求各高校开设“邓小平理论概论”这门课程。同年的 6 月 10 日，又下发了《关于普通高等学校“两课”课程设置的规定及其实施工作的意见》，对不同学习层次的课程进行了系统的设计与规划，自此 1998 年思政课改革方案正式形成。在此方案执行的过程中，有一点值得注意，那就是 1999 年下发的《关于开展高等学校“两课”教师在职攻读硕士学位工作的通知》，体现出对思想政治理论课教师队伍建设的重视。此文件的出台意味着国家要着力建设一批政治强、业务精的两课教师队伍，也正是这一举措使得在那段时期思想政治理论课教师队伍的专业水平得到了较高的提升，整个思政教师队伍的面貌得到了较大改善，同时使得思想政治理论课教学的学科属性更强，为学科的进一步发展奠定了基础。随着 2002 年党的十六大召开，全国掀起了对于“三个代表”重要思想的学习热潮，以及《关于普通高等学校“两课”教育教学中贯彻江泽民同志“七一”讲话精神的通知》《教育部关于进一步深化“三个代表”重要思想“三进”工作的通知》等系列文件的下发，国家对于思想政治理论课教学内容改革和教学手段上有了新的要求，例如将“三个代表”重要思想纳入课程体系之中，以及随后出台的《中共中央宣传部 教育部关于进一步加强和改进高等学校思想政治理论课的意见》，强调思想政治理论课基础性地位的同时，对其教材建设、学科建设和教师管理等方面都提出了新的要求。在2003年到2004年对一些高校所做的调研报告显示，当时的思想政治理论课教学存在教学实效不高，教材选取不合理，教师水平参差不齐，教学手段相对落后，对理论学习不够深入以及对现实问题认识不清，学校对于思想政治理论课不够重视等不同层面和维度的问题；同时对思政课教学提出了相应的建议，譬如应加强对于马克思主义经典著作及其中国化成果的理论研究，在提升学理性知识把握程度的基础上完善学科体系构建，同时要时刻关注当前社会空间的实际情况，对于当前国内国际发生的重大问题能够给予科学的分析与解答，进一步加强包括互联网在内的信息化手段在教学当中的运用，努力培养一支高素质的思政课教师队伍，完善相关的教学评价机制等。1998年思政课改革方案是对1985年思政课改革方案的升级与优化，但随着时代的变迁和空间环境的变化，打造新的思政课教学方案改革已是势在必行。

2005年《中共中央宣传部 教育部关于进一步加强和改进高等学校思想政治理论课的意见》的颁发意味着2005年思政课改革方案的诞生。该方案在原有基础上进行了新的调整，调整对象主要为本科制学生。综合而言，2005年思政课改革方案体现出这样一些特点。首先，学科建设得到了更大的重视。可以看出，跟1998年思政课改革方案相比，前者更加注重课程方案实施的具体细节，诸如目的、内容、方式、时间安排等，而2005年思政课改革方案则以更加整体化、系统化的角度进行学科建设、队伍建设等教学规划，以更加宏观化、空间化的视角提出总体方案建设。其次，思想政治理论课的教材更加规范和统一。2006年国家相继发布了《关于加强高校思想政治理论课教材出版管理的通知》《关于进一步加强高等学校思想政治理论课教材编写管理、规范教材使用的通知》等文件，旨在进一步统一与规范教材建设。再次，在教材内容的架构，2005 年思政课改革方案更体现出综合性与整体性。新方案不仅凸显了课程之间的联系，强化了对理论知识的灵活运用，更彰显了马克思主义中国化的最新成果，使受教育者能够更好地运用马克思主义原理来分析和解决中国的现实问题。最后，强化了师资队伍的建设和保障机制的完善。为了更好地实施 2005 年思政课改革方案，国家相继出台了相关政策，如 2008 年的《关于进一步加强高等学校思想政治理论课教师队伍建设的意见》，2011 年的《高等学校思想政治理论课程建设标准》，前者从教师的遴选、培训等方面提出了一系列配套政策，后者则从思想政治理论课教学的组织管理以及队伍和学科建设等方面提出了行之有效的保障措施，2005 年思政课改革方案的推行为进一步规范发展思政课教学空间奠定了坚实基础。

四　高校思想政治理论课教学空间的发展提高

2012 年党的十八大召开，确立了以习近平同志为核心的党中央领导集体，国家进一步强调意识形态的重要性，思想政治理论课程的重要性也随之得到了提升。2012 年 3 月，教育部下发了《关于全面提高高等教育质量的若干意见》，强调要加强思想政治理论课程网络化等教学规划，进一步加快人文社会科学教育基地建设。同年 8 月，国务院下发了《关于加强教师队伍建设的意见》，提出要完善当前针对教师的管理与考评体系，强调了教师队伍的建设对于思政课程建设具有至关重要的作用与影响。2015 年 1 月，《关于进一步加强和改进新形势下高校宣传思想工作的意见》指出要全面深化思想政治理论课程改革，着力创新教材以及“五个一批”重点工程建设。同年 7 月，《普通高校思想政治理论课建设体系创新计划》的出台，体现了国家在课程建设改革上政策的一致性，指出要做好 4 本教材和 5 门研究生课程教学大纲的修订工作。2016 年，国务院下发了《关于加强和改进新形势下高校思想政治工作的意见》，规定了相关改革的工作细则。2016 年 12 月，习近平总书记在全国高校思想政治工作会议上发表讲话，强调要将立德树人作为高校思想政治理论课教学的中心任务，实现“三全育人”。2017 年开展的相关专项工作对促进思政课教学工作的进展发挥了比较大的作用。在党的十九大召开之后，教育部于 2018 年 4 月印发了《新时代高校思想政治理论课教学工作基本要求》《加强新时代高校“形式与政策”课建设的若干意见》等文件，在强调原有必修课重要性的基础上，还指出了“形势与政策”课的不可或缺性，强调其有利于促进思政课程体系建设与时代精神的紧密结合。2019 年 3 月 18 日习近平总书记在主持召开的学校思想政治理论课教师座谈会上提出了思政课建设需要坚持“八个统一”的改革创新方法论。同年 8 月中央办公厅、国务院办公厅联合印发了《关于深化新时代学校思想政治理论课改革创新的若干意见》，强调要在不同建设程度的二级学院以及不同层次的学习类别开设相应的马克思主义中国化理论课程，同时对于队伍建设和组织管理等方面做出了更加详尽的规定，为优化与拓展新时代思政课教学空间提供了重要的政策与理论指导。

回顾自中国共产党建党到现在一个多世纪的发展历程，我国的思想政治理论课教学空间经历了从无到有，其发展轨迹曾经有所偏离甚至面临空间瓦解的危机，但事实证明思想政治教育教学空间具有极强的凝聚力与内生力，总结其空间建设经验对今后优化拓展教学空间十分有益。首先，坚持党的领导是优化与拓展思政课教学空间的根本前提。回顾马克思主义理论在中国传播与发展的历程，历次改革方案的出台与实施，都离不开党中央正确的方针指引和政策导向。其次，思想政治理论课教学空间的系统性、科学性、动态性正逐渐彰显。这体现在如下几个方面：一是马克思主义理论始终是思政课教学空间的核心体系；二是思政课教学空间的建设，无论在哪个历史阶段都与中国特色社会主义理论每个阶段的成果紧密相连；三是自建党初期开始的思想政治理论课教学始终秉承着理论联系实际的空间发展原则，在实践中不断提升知行合一的效度与力度；四是每个阶段，尤其是新时代的思想政治理论课教学空间的拓展始终坚持与时代精神紧密结合，实践性、创新性是思想政治理论课教学空间的显著特征。总之，经过一个多世纪的探索、调整与发展，思想政治理论课教学空间正在逐步得到科学化的构建，要深入挖掘其空间演进的动力，从而推动新时代思政课教学空间的拓展与优化。

第二节　高校思想政治理论课教学空间的需求动力

世界上万事万物的发展都有其背后的原因，正如运动是生命最本质的属性一般，对事物演进需求动力的分析是我们探索并规划其最佳运动轨迹的必要前提。对思想政治理论课教学空间命题展开研究是为了在空间化思维的统摄下更好地开展教育教学工作，以立德树人为价值旨归，因此对思想政治理论课教学空间演进动力进行的分析，也是探索人在教学空间发展中的动力支持的过程。恩格斯指出，“就单个人来说，他的行动的一切动力，都一定要通过他的头脑，一定要转变为他的意志的动机，才能使他行动起来。”[①] 思想政治理论课教学作为一种主体的交往互动，其空间发展动力结构应涉及教育主体双方的需求、教学组织的需求以及技术介入的需求，所有要素的合力共鸣才能激发思政课教学空间的不断演进和发展。

一　高校思想政治理论课受教育者主体需求

事物的内在需求永远是其发展最强大的推动力，就高校思想政治理论课教学空间而言，受教育者对于教学的主体性需求是其演进发展最本质的内在驱动力。关于内在需求的分析与探索，可以先从商品购买需求的产生来窥其一二，如图 5 - 1 所示。

如上图所示，这是一个需求三角模型，即用户需求的形成来源于三个要素：缺乏感、目标物、消费者能力。简单来讲，当用户主体在完成目标、交往关系等过程中经过对比难以形成对自我角色一致性的认同并由此产生一种缺乏感时，如果出现一种目标物能够填补这种落

① 《马克思恩格斯选集》（第四卷），人民出版社 1995 年版，第 251 页。

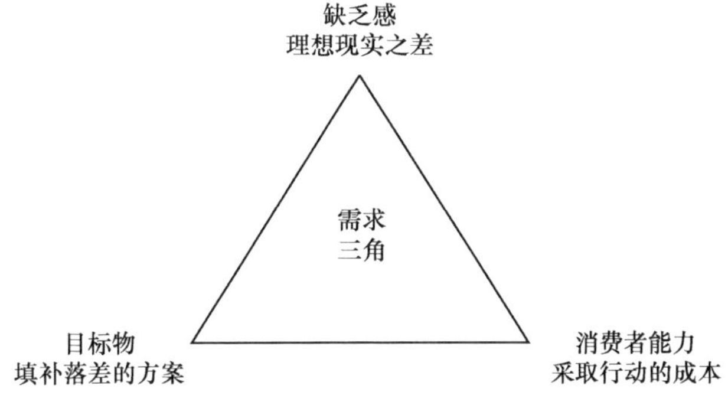

图 5－1　商品购买需求的三角构成示意图

差，那么消费动机就基本形成，当然还要考虑为此付出的成本，包括金钱、时间、行动、学习、决策、健康等成本因素。那么，营销者要做的就是如何激发消费主体的缺乏感，适时推出自己的解决方案，并通过此方案为消费者赋能，降低行动成本。具体看来，需求分为很多种，例如自然驱动的、功能驱动的、经验总结的、人际交往的、营销激发的各种各样的需求，其需求强度总体呈现逐渐降低的趋势。此外，消费者的经验、特征、动机、环境以及营销刺激这几个变量决定其当前的状况，当其意识到目前状况与理想状态之间存在偏差时，采取行动的动机需求便产生了，如果此时营销者的品牌态度契合消费者的利益搜寻，其品牌信念与消费者诉求一致，就会形成满意的商品评价，从而形成更加可能的购买意向。

对高校思想政治理论课教学空间之中受教育者的需求进行分析，正如在商品营销中弄清消费者的需求一样重要，要诱导受教育者“购买”思想政治理论课教学空间交往的“教育产品”，如何激发其需求以及推出合适的空间教学方案，使其填补需求落差，形成良好的学习体验，最终自发地进行空间实践，无论是对于个人还是组织空间的发展都是至关重要的。对思想政治教育教学的需求从层次上可以划分为个人进步需求、社会有序需求和国家稳定需求，对受教育者个体需求的了解与激发是当前建设思政课教学空间的当务之急。思想政治教育教学的对象是人，人是一种情感动物，在某种程度来说个人最终的行为选择除了理性认知以外，其行为动机在很大程度上受到情感因素的驱动。首先，明确和激发思想政治教育对象的情感需求，这包括求知的欲望、身份的认同、集体的归属以及对自身社会责任的觉醒等。习近平总书记强调要讲好中国故事，传播好中国声音，“声音”和“故事”就是最好的情感载体，在具体的情景设定当中，如果故事足够好听，引人入胜，听众就会不自觉地产生移情，自觉进行身份代入，甚至主动追求价值共鸣。因此，思想政治教育教学工作者在具体的教育实践当中，应该在所设定的知识空间框架之内，科学合理地设计情境教育节点，在满足参与主体探究知识的基础之上，灵活地设定相关情感叙事空间，无论是历史背景的生动还原，还是典型人物的故事讲述，使其在获取学理知识的同时激发对于道德情感的需求与认同，同时对当前的社会交往行为产生指导和映射作用。其次，科学合理地设定教育激励方案，灵活采取物质激励与精神激励、正面激励与负面激励，内在激励与外在激励等措施。在明确了受教育者的需求之后，适时采取恰当的激励措施才能将其向既定的价值轨道上牵引。在物质激励与精神激励当中，精神激励是教育者一贯推崇的，但也应该适当地增加物质激励的比重。世界是物质的，物质性交往需求是推动社会空间人际互动的动力之一，这包括主体对于交往活动之中的生活产品需求、信息交流需求、环境设施需求等，物质性需求是主体进行生产生活交往的基础性需求，应当作为一项常规性、基础性的激励措施，与精神激励相互配合。正向激励与负向激励、内在激励与外在激励，应当与物质激励与精神激励一道形成一个激励体系机制，根据不同的教学空间和教学项目优化配置，达到最理想的激励效度。再次，一定程度地增加不同空间场域的社会实践体验。对于大学生群体来说，多参加社会义务与志愿活动、忆苦思甜的重走革命道路活动、文化下乡活动，以及结合自身专业的生产实习活动，置身于既定的主题空间之中，了解志愿活动背后的社会公益机构以及社会服务功能，体会当年革命胜利的万千困难，感受不同地区的社会文化差异，等等。在一次又一次的社会实践活动过程之中，参与主体会自觉不自觉地调整自我需求，剔除不合理的，提升合理的，加之合理的实践主题和项目设置，可以提升受教育者的思想道德品质。

二 高校思想政治理论课教育者主体需求

就当前进行思政课教育教学的教育者主体而言，为了使教育教学更加有效地开展以及自身在教学空间内获得更好的发展，需要从方法论的角度来谋求改变。关于思想政治理论课教育教学方法的定义虽各有差异，但还是有一些共性认识，比如思想政治教学方法与思想政治教学活动紧密相关，其目的是有效传递思想政治教育的相关内容并达成既定目标，同时思想政治教育教学方法所涉甚广，包括了对思想方法、工作方法、教学方法在内的相关方式、途径、手段、工具、策略、程序等要素的运用等。中国共产党成立之后，根据不同的社会发展阶段，从土地革命、抗日战争、整风运动，到真理标准大讨论、党员先进性教育活动、科学发展观教育活动，再到群众路线教育实践活动等，党和政府不断摸索和总结出了一系列的思想政治教育方式方法。思想政治理论课教学空间的历史演进，也离不开教育者在方法论上的创新与推动，这包括学校教育者对思政课课堂及学校教学方法的创新、社会和家庭教育者对于进行社会思想政治教育以及家庭教育的方法创新。空间思维统摄下的方法创新，要更多地以系统化、结构化和体系化的角度作为切入点。

对于方法的创新研究应首先体现在思政课教学空间重要维度之一的学校教育教学的工作中。当前教学中的主要思想政治教育方法有明示教学法，这是学校空间之内使用的最典型方法，包括案例式教学法、讨论式教学法、研究性教学法，此外另有体验式教学法、暗示教学法、心理疏导法、课内外结合法、新媒体教学法等。总体看来，这些方法都具有各自不可替代的作用和用途，但如何使其在不同的教学空间之中发挥正向合力是一个值得思索的命题。在明示教学法中，对于理论讲授法的使用就需要注意这个问题，比如理论讲授法是一种通过逻辑论证的方式，以逻辑和事实的力量来使某种理念和思想获得合理性和正确性的一种正面教育方法，它不等同于西方教育著作和理念中的“灌输”概念，也不是一种道德说教，后者是把道德规范强行加诸受教育者身上，而没有用科学的逻辑向其说明何谓道德规范及其所揭示和反映的深层次问题，同时理论讲授也同样需要情感因素的支撑，教育者在摆事实、讲道理的过程之中会不自觉地融入自己的情绪、情感因素，而情感是与受教育者的认知活动同时进行的，受教育者能够捕捉到教育者在理论讲授过程中的基本态度，这更加有利于思想道德理念的传达与共鸣。另如体验式教学，这是一种基于思想政治理论课教学的特殊性而设定的教学方式，囊括了学生在校期间所获得的全部教学经验，包括课堂教学、社会实践、参观考察以及旅游活动等。在深入把握其内涵的同时，需要注意其与另外一种类似教育方式的区别。体验式教学与理论课程教学相比，它不具有理论课程的体系性和系统性，也不以认知教学为目的，而是一种以增加学生经验为目的，通过各类实践活动而收获综合经验的教学方法。体验式教学与课外活动相比，二者虽然都囊括了学生活动与实践，但前者是有计划、长期性的在教学计划之内的教学活动安排，后者则是教学大纲以外的第二课堂空间范畴，通常是临时的、短期的，且体验式教学的空间范围可以设定在课堂内与课堂外，具有更广泛的教学活动空间。体验式教学与社会实践活动相比，后者可以作为前者教学活动开展的载体和资源，这是二者的联系之处。但体验式教学是一种有目的的以获取直接经验为内容的教学方式，是一种教育理念和方式，而不仅仅是一种活动参与和体验，包括参观考察、旅游在内的各类社会实践活动仅仅是一种客观资源的存在，不带有自发的教育性质和目的。因此，开展体验式教学需要在准确把握其内涵的基础上思考如何将“经验”与“知识”有效链接，增强教学互动以及学生的主体性和积极性，经常开展有德育功能的社会实践活动，主动地将体验式教学作为一种教学理念融入思想政治理论课教学空间的构建之中，培养学生的自我教育、管理和服务的精神与能力，注重个性化的教育方式，将有助于受教育者积极参与到思政理论课教学空间的实践当中。再有新媒体教学法在新时代的思想政治理论课堂和学校教育之中也逐渐普遍起来，无论是慕课、微课、翻转课堂等新型教学模式的创新，还是各类教学终端和应用软件的使用，信息技术如何与思想政治教育方法互相融合支撑是一个需要人们认真思考的问题。慕课和微课可以通过技术平台为教学空间参与主体提供优质、高效的讲解视频，增强思想政治教育理论课的趣味性，只要有客户端，受教育者就能随时随地使用相关资源；混合式教学模式和翻转课堂等教学模式则打破了传统的课堂教学模式，突出了学生的主体性和积极性，提升了课堂互动和学习深度。然而，当前许多高校的思想政治理论课教学在使用新的技术平台来创新教学模式和方法的过程中，似乎并未取得理想中的教学效果，其原因在于未曾对每种技术手段和教学模式进行深入把握和研究，难以形成体系化和规律化的教学方式，例如，慕课的授课时间较长，中间难以形成师生互动和情感交流，在自主学习之时难以形成对学生高质量的监督与管理，故而出现高退出率、低通过率的现象；微课的短小精炼是其优于慕课的特质，时长一般在5—15分钟，较符合学生的注意力集中规律，但制作微课对于教育者的技术素养要求较高，其往往专注于某一个知识点的讲解，若非必要情况对于微课的使用往往不当，并未凸显出教学必要性；翻转课堂与混合式教学的出现就体现出教育者对于受教育者主体性缺失的觉醒，是对教学方法有益的创新，但是翻转课堂的“翻转比例”如何科学地设置？学生课外自主学习和研读的过程如何监管？课堂的翻转能加深学生知识习得的深度，还是使得思想政治理论课教学过程更加零散，对于理论学习更加不得要领？这都需要以空间化、系统化的理念来设计教学过程，学校也要对于教学方法创新和模式改革提供相应的人、财、物全方位支持，推动其开展与完善。

思想政治理论课教学空间除了课堂及学校教学空间之外，还有社会教育空间和家庭教育空间，三者相互延展形成合力才能有效支撑整个教学空间的优化与拓展。社会空间与思想政治教育之间存在着千丝万缕的联系。一方面，随着我国改革进入深化攻坚阶段，新情况和新问题不断涌现，为国家发展和社会稳定带来了挑战，因此党中央自十八大以来就强调社会治理的重要性，地区发展不平衡和社会成员的诚信缺失与道德失范等问题只有通过社会治理才能得到解决。思想政治教育在党中央的领导下深入到我国社会的各个领域、各个层次，其所包含的马克思主义和中国特色社会主义理论教育、爱国主义教育、理想信念教育、革命传统和中华优秀传统文化教育等都是直接服务于社会治理的，同时思想政治教育在疏导社会问题、协调社会关系、规范社会行为、批判错误思潮等方面发挥着不可忽视的作用，思想政治教育的本质特征决定着其自身的社会空间化属性。另一方面，思想政治理论课教学的最终目的是向社会输送合格的社会主义人才，学生由从前狭隘的思想政治理论课教学空间不断地流动到广义的思想政治教育空间之中，因此，对于思想政治教育方法的创新必然要将社会教育空间纳入教学服务的范畴之中。当前社会面临着生态恶化和网络虚拟空间带来的挑战，思想政治教育方法要加强心理疏导和人文关怀。科技的发展使得人们相互之间的交流变少，人际交往淡漠，社会成员的关爱、尊重和理解减少，需要针对现实情况在思想政治理论课教学空间之中大力发展自我教育、自我反思、自我约束和自我管理，进一步增强社会成员的相互沟通与理解；同时，多采用现代信息化手段开展社会实践活动和体验式教学，运用磁、光、电等介质，在活动当中灵活运用图文声像等形式，利用计算机技术和互联网来提高教育资源利用率，利用云计算和大数据等方式来分析受教育者的行为轨迹，精准化下一次的体验式教学或者社会实践项目的设置和实施。另外，思想政治理论课教学开展的社会实践、基地建设等活动与项目势必与社会的方方面面产生交往，因此思想政治教育方法要出体现综合性、整体性和协调性，例如在经济方面努力向经济和业务工作渗透，为其提供精神动力；在环境方面通过项目载体的实施来优化和建设环境，营造环境育人的空间等。

三 高校思想政治理论课教学组织需求

分析高校思想政治理论课教学空间的演进动力结构系统，挖掘和激发受教育者与教育者主体对于思想政治教育教学的需求是基本前提，除此之外，思想政治理论课教学组织在思想政治教育教学政策上的正确设计和引导则是推动思想政治理论课教学空间在既定的轨道上正常运行的重要保障。思想政治理论课教学组织的需求就是通过制定与实施一系列有关政策，来保障思想政治教育教学活动的开展和空间稳定，同时通过政策反馈来进一步调整教学组织自身的结构与功能，优化教学组织的思想政治教育教学功能。思想政治教育政策则是国家在一定历史阶段内对于该阶段所要实现的目标、完成的任务以及采取的行动与遵循的原则等所作出的顶层设计，用于科学指导与调整教学交往关系，对于教学空间起着十分重要的导向、规范、协调和控制作用。

高校思想政治理论课教学组织如果意图在思想政治理论课教学空间之中发挥导向作用，需要在政策制定过程中注意这样几个方面的问题。第一，政策制定与学理研究的关系。思想政策教育教学政策的设计要体现出学科研究成果的基础性、规律性，也要具有支撑学科与专业继续前进的效力；而学理性研究反过来为政策工作的开展和文件制定提供了理论支撑，应该在深入进行实践研究的基础上发挥引领和促进社会稳定与发展的作用，为政策制定提供智力支持，二者互为前提、相互转化。第二，以问题导向为政策制定宗旨。要根据当前社会运行的状况，制定相应的政策来预防和解决社会问题，约束社会行为，缓解社会矛盾，因此思想政治教育政策的制定即是为一段时期之内思想政治教育教学工作开展中出现的问题和状况提供政策引导和决策，保障思想政治教育工作的顺利开展和有序进行。因此，以问题意识为导向制定思想政治教育政策是提高政策有效性和针对性的重要前提。第三，注意政策的衔接性与配套性。思想政治理论课教学的主要对象是最具思维活跃性和行为不确定性的一个群体，因此只能进行阶段式的政策制定与规划。在相关政策的制定过程中，要高度重视前后政策的有效衔接和合理配套，需要认真系统分析前阶段政策的遗留问题，考量其当前思想政治教育教学工作开展的关系问题，还要科学预测之后阶段可能发生的问题，增强政策设计的连贯性和有效性。第四，政策制定的时空阶段性。思想政治理论课教学是一种特殊的社会实践活动，教学空间之内的诸多要素都具有变化性、流动性，首先人就是生产力中最活跃的因素，再加上空间氛围、参与主体、社会状况等都不是一成不变的，因而思想政治教育政策的制定需要紧跟时代步伐，注重当前阶段的具体需求，围绕每个阶段不同的使命和任务，开展针对性的政策设计，以空间化的思维增强政策设计的灵活性与针对性。

当前思想政治理论课相关政策的制定还存在一些问题。首先，法制化程度不够。回顾自思想政治理论课正式设立以来所颁发的相关政策法规，不难发现其都是由党中央、国务院和相关部委以文件形式下发的，虽然有宏观性的政策指导，也有针对性的具体问题决策，但整体而言相对零散，没有真正形成系统正式的法律法规体系，相互之间难以形成有效链接和配套支撑，思想政治教育政策的法制化程度还不能为思想政治理论课教学空间提供一个完善的法制化政策空间。其次，思想政治教育教学政策制定的前瞻性不足。可能缘于对思想政治教育教学的情况把握不到位，新时代线上线下的思想政治教育情况的认知不足，以及没有系统化的法制化生态环境的保障，因此有关思想政治教育的政策设计与制定多带有滞后性，且效力不够，难以体现思想政治教育为国家、社会的发展建言献策的“智库”作用。再次，思想政治教育教学政策的制定缺乏系统的配置与创新。对1949年新中国成立以来下发的关于思想政治教育的政策文件进行系统梳理与分析之后可以发现，在对现实情况与长远发展的考量上，制度配给难以做到均衡化，政策之间存在一定程度的重复性和不一致性，结合时代发展所做的政策创新相对较少，而思想政治理论课教学空间的稳定与优化离不开其政策的均衡配置与持续创新。

四　高校思想政治理论课技术介入需求

马克思在《关于费尔巴哈的提纲》中指出，“全部社会生活在本质上是实践的”[①]。毫无疑问，实践是人类社会生产生活的本质特征。高校思想政治理论课教学空间之中进行着各式各样的教学实践与交往，在此空间中进行的思想教育、道德教育、政治教育等都无一不体现出实践的本质特性，并且在具体的各项教学教育活动的实践过程之中对思想政治理论课教学空间形成了其不断发展、完善、优化、创新的助推力。思想政治教育教学是价值内化之后，将其运用于社会实践的能动反应，正如毛泽东所指出：“思想等等是主观的东西，做或行动是主观见之于客观的东西，都是人类特殊的能动性。这种能动性，我们名之曰‘自觉的能动性’，是人之所以区别于物的特点。一切根据和符合于客观事实的思想是正确的思想，一切根据于正确思想的做或行动是正确的行动。我们必须发扬这样的思想和行动，必须发扬这种自觉的能动性。”[②] 思想政治理论课教学空间的实践不仅局限于现实空间场域，随着科学技术对于社会生产生活所带来的巨大改变，网络思想政治教育空间开始不断拓展，成为现实教学空间的延伸，技术要素的介入成为教学空间在当代社会演进发展的重要助推力之一。

对于新时代高校思想政治理论课教学空间的拓展与优化离不开对虚拟空间的统摄，虚拟空间教学实践的开展与网络思想政治教育教学实效的获取具有高度的一致性。网络思想政治教育对于思想政治理论课教学网络空间的推动可以大致分为物质性和精神性两个方面。第一，从物质性动力来讲，在网络空间之中的教育教学交往互动能够满足参与者的物质性信息需求，即网络思想政治教育教学参与主体可以通过网络空间的交往互动来获取当前网络化生存需要的信息产品和服务，将线上线下教学空间的物质性产品与信息相互链接并获得相应的满足

① 《马克思恩格斯文集》（第一卷），人民出版社2009年版，第501页。

② 《毛泽东选集》（第二卷），人民出版社1991年版，第477页。

感。此外，网络思想政治教育教学作为一种特殊的信息消费活动，与参与者的网络交往能力关系紧密，即在网络思想政治教育交往实践过程中，参与主体的交往能力与信息消费能力呈现正相关的关系。参与者获取、分析、筛选和应用信息的能力越强，其网络思想政治教育实践交往的能力越强，人际互动的频率、速率就越高，信息量也越大，随之在整个思想政治理论课网络教学空间的表现就更突出，体验感也更好。第二，就精神性动力而言，“任何事情的发生都不是没有自觉的意图，没有预期的目的的。”① 思政课的网络教学离不开精神要素的推动与支撑。具体而言，一是虚拟空间的教育实践要尽量精准化聚焦于参与主体的网络交往偏好。个人偏好是个体在个性之中所表现出来的比较稳定的特征，网络思想政治教育教学交往中受教育者会根据不同的网络信息交往场域以及具体的形式与内容呈现出不同的信任度、参与度、接受度。其网络交往偏好的产生可能缘于几个方面的原因：习惯性，即不论信息交往空间如何更改和变化，参与者都会习惯性地选择以往常态化的交往方式；便利性，即参与者会根据参与方式最终体现出的便利程度而做出选择，而网络思想政治教育与线下思想政治教育的区别即体现在快捷性、方便性和低成本性方面；效能性，即参与主体会以实践交往最后的效益实现程度作为其评价的标准，网络思想政治教育教学项目的主题、质量的评估、执行的效果、选择的范围以及环境的制约等都会被纳入考量的范围。但是，在以受教育者交往偏好作为网络思想政治教育教学活动设定的参考标准时，需要注意由于个人偏好存在一定程度的随意性和自发性，加上网络载体的匿名性和开放性，需要考虑网络思想政治教育教学项目能够适度限制和矫正个人偏好，使其向提升实践效果和维护教学空间稳定的方向发展。二是网络思想政治教育教学项目应赋予带有义务性质的价值预设。网络思想政治教育参与主体在决定是否参与以及怎样参与教育实践之前，通常都会对其进行价值评估并带有一定的价值取向，即在相关活动中

① 《马克思恩格斯选集》（第四卷），人民出版社 1995 年版，第 247 页。

展现出的应对和处理问题的基本态度和立场。思想政治教育者应该从现实价值和潜在价值两方面入手来进行实践议题设置：一方面要思考该网络思想政治教育教学是否能给参与者带来实际的作用，满足其空间交往的需求；另一方面，网络思想政治教育教学能够带给参与者一定的潜在价值，并且促使其潜在价值向现实价值的转化，使之成为一种义务或责任。换言之，参与主体在网络思想政治教育教学活动当中，不仅能获得当前网络教育交往的价值和功能，并且通过该实践交往主体会一定程度地从理性认知、情感认同、意志培养、兴趣拓展、信念强化等方面自觉地、义务地将相关潜在价值转化为现实价值，当然这种自觉义务的程度根据参与个体和实践项目的设定有所差异，这是思想政治理论课网络教学空间需要努力的方向。无论是物质性动力还是精神性动力，都需要在网络教学空间进行整合从而形成集成性的助推力。

总而言之，思想政治理论课教学中的教学者需求、受教育者需求、教学组织需求以及技术介入需求都在不同历史阶段推动着思想政治理论课教学空间的结构优化与效力提升，使得该空间具有更加强大的理论支撑、更加良好的制度环境、更为优化的资源利用、更具创新的方法模式，科学把握思政课教学空间的内在需求规律才能更好地促进教学空间的提升，发挥更大的影响力、辐射力和感染力。

第三节　高校思想政治理论课教学空间的基本机制

高校思想政治理论课教学空间的基本机制是指教学参与主体在进行思想政治教育教学交往互动以及实践活动中所体现出来的规律性，是思想政治理论课教学空间社会化交往的行为图式。根据不同的思想政治理论课教学空间结构要素，可以形成如下四种基本机制。

一　主体导向机制

在高校思想政治理论课教学空间的意义范畴下，主体不仅仅指教生双方，还囊括了学校内相关的职能部门与服务机构，以及学校外社会上同样具有一定教化人、培养人功能的组织机构乃至家庭。高校思想政治理论课教学空间主体是其基本机制探讨的首要维度之一。

首先，教师主体导向机制。思政课的教学目标就是对大学生进行系统化的马克思主义理论教育，培养学生运用马克思主义理论来认识、分析和解决问题的能力，全面提高综合素质，形成良好的道德品质，成为新时代需要的人才。由此，教师主体的首要任务就是立德树人，培养受教育者正确的政治立场与良好的道德修养。“德”本意谓之顺应自然，按照社会发展的规律去做事并提升自己，如今人之德行是立身于社会的根本，是个人成长发展的基础。大学阶段是个体形成世界观、人生观、价值观的关键时期，教师应仔细探寻空间教学规律，提升大学生政治素养、自我认知的同时增强对国家与民族认同感和信念感，而这就需要将政治性与科学性相结合，增强学科的学理性与说服力。当前思想政治理论课教学效果不甚理想，究其根源，一是教师主体未能深入掌握思想政治理论学科体系，理论功底不扎实，难以将知识要点以学理性的方式科学地呈现给学生，于是学生接收到的便是空洞的要点灌输与散乱的知识结构；二是教师主体不能深入把握国内国际形势，对内不能对国内当前的社会问题与矛盾进行科学解构与分析，对外也难以正确合理引导学生抵制各种错误思潮，坚定立场。教师主体扎实的理论功底武装与对当今形势的准确把握是形成空间凝聚力的重要前提。另一方面，教师主体应在思想政治理论课教学空间内设计合理的知识践行体系，即思索如何将理论知识转换为学生社会空间实践的精神指引，促进受教育者在知、情、信、意、行方面协同发展。新时代的大学生应当具备精确的书面表现力、流畅的口头表达力、含有逻辑性和批判性的思维力，以及综合分析及推理能力等，教师主体主导的思想政治理论课教学空间应使参与主体形成基本的理论认知，不断激发学生主体的知识诉求与探索精神，创造各种场域环境提高学生发现、分析与解决问题的能力，促进知行合一，培养学生的认知能力、观察能力、协调能力与沟通能力，使其在收获知识之外，不断拓宽视野，提高科学精神与创造精神。当然，作为社会主义的生力军，由教师主体主导的空间教学模式还需要加强信仰教育，引导学生形成合理的世界观、人生观、价值观，树立正确的道德观、职业观，拥有坚定的理想信念。因此，教师主体导向模式应坚持科学性与政治性相统一、学理性与引导性相结合，善用科学的方法进行适当的教学议题设置，实现现实生活与未来发展的协调并进。

其次，学生主体导向机制。学生主体作为重要的空间主体要素之一，构建以其为导向的空间模式也应是题中之义。当前思想政治理论课教学收效不甚理想的原因之一就是受教育者的参与度不够，主体性发挥不足，针对此现象的学生主体导向模式可以采取项目式或者课题式导向教学。所谓项目式或者课题式导向教学意指在思想政治理论课教学开始之前，由学生与教师一同商讨拟定一个项目或者课题，结合自己的兴趣，选择当前马克思主义理论以及中国特色社会主义范围内的热点问题、焦点问题，可以以此为阶段式教学模式或者贯穿整个学期始终。该种以调动学生的主体性与能动性的教学导向模式，既是对常规教学模式的有益补充，将知识理论与问题解决有机联系从而促进知行合一的转化，也能够带动学生深入社会生活，以项目或课题为载体去观察、调研与思考，培养学生主体的问题意识，使理论与实践相结合落到实处。学生主体导向模式的核心是要抓住教学资源与当前社会热点问题的结合之处，以此为切入点，以启发、参与、研究等方式真正调动学生主体的主体性，进一步培养其创新思维、科研能力、协作能力。此外，项目与课题主导式模式因涉及大量师生之间的探讨与合作，在其项目或课题开展的整个空间场域当中，师生的主体间性都得到了较大的发挥，诸如学生自选题之初形成项目或课题小组，其项目或课题分工、计划、实施等需要教师的跟进与指导，在过程当中需要教师的解答与指点并帮助其完善，在项目或课题结束后学生之间可以互评与提问，教师也可以给予恰当点评，师生之间思维火花的碰撞会极大地激发学生主体的学习兴趣，增强思想政治理论课教学空间的民主性与创生性，进一步提高教学实效。

再次，主体合作导向机制。这里的主体包含了两类：一类是思想政治理论课教学空间主要参与者：学生与教师主体；另一类则是高校内其他教育职能部门，以及社会上具有相关教育功能的组织机构。思想政治理论课教学空间是一个复杂的空间教育体系，要获取预期的思想政治教育效果，不仅需要校内其他部门的协调与配合，诸如社会调研或者实践项目的开展以及整体道德氛围的构建也有赖于其他社会机构的通力合作。师生合作导向模式强调教与学的统一、知与行的结合。所谓合作教学，其渊源可以追溯到古罗马时期，中国孔子的儒家也强调学习是一个合作而非孤立的过程，学生之间、教师之间乃至师生之间的合作交往是取得理想学习效果的有效途径。对于当代的思想政治理论课教学空间来说，以任务为载体划分的合作学习小组不失为一个良好的互动合作场域，按照职责与分工标准，遵循组间同质、组内异质的原则，确保小组内部与组间都能有相对平均的学习水平与能力，教师在此过程中应全程跟进与指导，引导任务的顺利实施与开展，以事前预估、事中监督、事后评价引导整个思政课空间场域的信息互通与交流。教师主体自身也要建立专业化师资团队，按照年龄、性别、学科背景与科研能力科学搭建并优化教师队伍，无论选择哪种教学合作模式，其可行性与实效性是需要考量的两大维度。此外，思想政治理论课教学空间合作导向模式的构建也需要灵活调动与有机协调校内一切资源，确保学校空间氛围的正向塑造以及各项教学任务的顺利开展，同时也需要加强与校外具有思想政治教育功能的组织机构的定期交流与沟通，引导学生群体知行合一，强化思想政治教育功能的社会辐射范围与影响效果。

二　内容挖掘机制

作为高校思想政治理论课教学空间的基本机制之一，其内容与传统的思政课教学内容相比，拥有生动性、系统性、协同性等特质，其教学实效自然应优于后者。引导受教育者正确认识与看待中国特色社会主义的历史文化是做好思想政治教育工作的重要前提和保障。构建思想政治理论课教学空间内容导向模式，首先就要以立德树人为目标，深入挖掘中华优秀传统文化的价值理念，同时也要挖掘当代社会的热点资源以及地方教育资源，将三者融入思想道德、文化知识、社会实践等诸领域，丰富思政课教学空间的内容资源。

首先，挖掘中华传统文化资源。在本书追溯我国古代空间思想时已经略微提及一些中华优秀的道德传统与教学理念，譬如天人合一、天下为公、仁爱共济、正心笃志等，教师在梳理和研读中华优秀传统文化价值元素的过程中，应深入挖掘当时的社会历史背景，向学生呈现出当时我国所处的社会历史状况，结合线上教学平台，开展各类主题教育、经典阅读、社会实践，将不同层面和维度的理念潜移默化地融入思想政治理论课教学的各项议题当中，当然这需要一支具备深厚传统文化素养的教师队伍作为强力支撑。当前思想政治理论课教学无法有效引导“00后”大学生群体的道德修养与理论践行，教学效果不甚理想的重要原因之一就是他们对于中国的发展历史、中国共产党的发展历史以及现代化的发展历史没有一个历史化、空间化的深入认知，不能真正理解中国特色社会主义理论、文化、制度，无法将历史与现实有效链接，这就要求包括教师主体在内的思想政治教育工作者帮助学生以历史化的视角，基于项目、课题等全新的课程模式，透过诸多历史事件与现象引导学生了解、把握社会发展规律与共产党执政规律，树立正确的历史观，不断汲取中华优秀传统文化之中的养分，深化自我认知，强化民族归属与政党认同。

其次，挖掘当代时事热点资源。据《关于进一步加强和改进大学生思想政治教育的意见》等相关指导文件，构建新时代的思想政治理论课教学空间必须要做到与时俱进，将国内外形势政策以及社会关注的热点问题与教学紧密结合是思想政治理论课教学空间场域的应有之义，因而内容空间模式的架构必然囊括对时事热点资源的挖掘与融入。信息科技与应用终端的日新月异，赋予了当代大学生群体及时获取各类信息资源和社会焦点事件的便利性，其年龄特征决定了他们对时事热点的敏感性与积极性，将时事热点和社会焦点安排进教学议题设置，必然会引发学生的极大兴趣和热情，若教师规划引导得当，其教学效果自然不言而喻。同时，充分挖掘时事热点资源能够有效增强思想政治理论课教学的亲和力与实效性。马克思主义理论体系作为空间的思想资源和指导纲领，其重要特点之一便是与时俱进，旨在发现、分析与解决现实社会问题，与社会空间互为呼应。马克思曾指出：“一切划时代的体系的真正的内容都是由于产生这些体系的那个时期的需要而形成起来的。”① 思想政治理论课教学空间构建的重要目的就是引导受众去探索与发现世界发展的规律、社会发展的规律以及政党执政规律，只有关注我们的日常现实生活，正确把握当代社会问题与形势，才能发现目前公众普遍关注的社会问题，进一步掌握当代大学生群体的思想动态，从而有的放矢地开展思想政治教育工作。此外，对于时事热点和社会问题的追踪与挖掘，并将其恰当运用到思政课教学当中，对于增强思想政治理论课教学吸引力以及巩固与加强思政课教学内容模式都有所裨益。毋庸置疑，思想政治理论课程的知识体系具有较强的学理性与逻辑性，在思政课教学空间场域仅仅采用要点思辨与推理，虽有助于训练学生群体的逻辑思维，但难以持久，只有以日常化、生活化、社会化的事件与问题作为切入点，从政治、经济、文化、生态、制度等维度来设定教学议题，才能使得受教育者能够更好地关注现实、了解社会，增强其问题意识以及分析和解决现实问题的能力。国际国内的时事热点问题往往囊括社会生活的多个层面与领域，在讨论过程中，其思维能力、表达能力与创新能力皆能得到锻炼，政党认同与政治觉悟自然而然得到培养与塑造，逐渐实现从知识体系到实践体系、教材体系到信仰体系的转变。对于教师群体而言，挖掘与运用时事热点与社会问题，要注意把握实效性、典型性原则，应与教学要点恰如其分地融合在一起，建立适当的热点资源材料库并实时更新，同时对于热点问题的立场性应采取谨慎的态度，提高自身的政治甄别力与敏感性，注意引导学生运用马克思主义理论对社会现象抽丝剥茧的过程

① 《马克思恩格斯全集》（第三卷），人民出版社 1960 年版，第 544 页。

中，有效鉴别不良社会思潮，可以采用小组讨论、分组辩论、主题表演等形式，增加对社会焦点问题的认知，强化理论联系实际的综合能力。

再次，挖掘地方教育空间资源。盘活思想政治理论课教学空间的一切资源是其空间构建的原则之一，高校及当地相关的组织机构都应该被纳入地方教育空间资源体系。虽然当前思政课教材的规划与编写是国家统一指导的，但地域差异与文化不同会营造出不同的空间场域氛围，空间参与主体难免会在日常的学习与工作中受到地方知识的影响，因此深入挖掘地方空间资源并将其融入思政课教学空间设置当中，能够进一步促进教学与生活的衔接，探寻出具有地方特色的教育教学模式。地方教育空间资源，因其素材取自当地，能够获取受教育者的情感共鸣与认知共享，有利于弥补现有教学资源的宽泛性、政治性，使教育互动开展得更有针对性与日常性，提高教学的说服力、感染力与亲和力；另一方面，探究地方教育空间资源，有助于促进与提高地方特色文化以及经济社会的协同发展，充分了解地方社会需求并服务社会发展也是高校等教育机构的社会定位之一。如何挖掘地方教育空间资源呢？第一要根据教学空间的议题设置，选取符合受众认知以及学校特色的教育资源，尽力提升教育教学实效；第二，要根据教学参与主体的专业、年龄、性别、年级等，利用合适的地方教育资源，使其更有针对性与渗透力；第三，要坚持全面、持续地实现地方教育资源与整体教育空间资源的流通与互动，无论是文本、影像还是当地的人文古迹和历史遗迹，具备多样化的形态与类型，因此在经过前期调查研究、系统分类甚至建立地方教育资源库之后，一旦选定合适的地方教育空间资源，要确保与其他部门的长期合作以及定期交流与反馈，尽可能探索形式多样、内容丰富的教育教学资源，制定科学、合理、可持续的资源利用计划，丰富思政课教学空间，促进地方社会与教育机构的共生共享共荣。

三　方法改革机制

建构高校思想政治理论课教学空间所选取的方法机制必然有别于

传统的教学方法。当前思想政治理论课教学取得了一定的成效，但与预期仍存在一定的差距，主要原因之一就是未能从深层次上把握教育教学规律并采取系统化、科学化的空间教学方法，从而在教育教学过程中割裂了各个教学项目与议题之间的有机联系，难以将马克思主义理论体系有效转化为指导自身行为的内在知识体系，无法实现真正的知行合一。由此，在空间化思维的统摄下，思想政治理论课教学空间方法模式更多要以系统化改革为切入点，尝试建立教育链式、网格化式和体系化式的方法模式。

首先，教育链式方法改革。教育链作为区块链技术的普及与推广，强调将人工智能、大数据等技术与教育相融合，通过去中心化促进教育公平与学信体系建设，具有强大的要素链接与处理能力。在这里，本书提取教育链最基本的功能即机动链接能力，作为方法改革的第一个维度，即根据受教育者的认知规律、成长规律与心理特征，运用一系列的教学方法与模式，逐渐将其知识、情感、意志、信仰、行为相互链接并且统一成一个整体，形成知行合一的空间行为模式。从个体的思想政治素养和道德品质修养的养成过程来看，知、情、意、信、行是个人道德养成的基石，这五个要素的发展需协同均衡、缺一不可。知即思想道德认知，通过学习马克思主义理论体系使个体掌握相关的规范与准则，奠定思想道德与政治素养形成与发展的基础；情乃道德情感，是个体在学习和领会理论知识与道德规范时产生的正向情绪体验，有助于形成思想道德修养的内生动力；意指道德意志，是促使个体将习得的理论知识逐步转化为行为模式的重要保障；信即道德信念，是个体对内化的价值理念的认同与肯定，是道德修养与政治素养形成的有效助力；行即行动与实践，个体以思想道德规范为行为指导，并进一步运用到自身的学习与生活空间之中，是道德修养与政治素养发展的价值旨归。实现思想政治理论课教学空间构建的最终目标，知、情、意、信、行是相互联系、互为制约的，只有均衡发展才能促成知行合一。当前，因缺乏空间化的顶层设计，教学方法无法系统化地统摄思想道德修养习得的五大领域，过于零碎化、离散化，难以将知识场域与实践场域有机链接，而教育链式的空间方法模式改革就旨在将知、情、意、信、行等环节串联起来，形成空间协同效应。具体来说，可以从以下几个方面着手。第一，要创新知识体系，真正把握好思想政治理论课程的深度和广度，结合受教育者的成长规律与认知规律，对于不同专业、不同年龄阶段的学生主体设定相应的教学项目与议题，选取合适的教学资源，将其有效地融入思想政治理论课教学空间之中，强化主体的学理性认知。第二，在思想政治理论课空间教学过程中，要以贴近学生以及日常生活实际的方式开展教学活动，营造教学空间的情感氛围，比如选取中华优秀传统文化之中容易引发情感共鸣的文化资源来进行教学情境创设，引导受教育者从日常生活的角度来发现良好思想道德修养的魅力以及思想道德规范对于家庭、社会的重要作用，使其在知识吸收、主题讨论、互动交流的过程中形成对于自身、社会、民族与国家的情感认同以及道德价值的自觉追求。第三，要在教育链式改革之中增强参与主体的意志力与自律性，即在个体对于道德规范产生价值认同并且自觉追求的过程中形成一种道德意志力并贯穿整个道德行为始终，教育者要在此过程中不断引导并督促其自省、自律、自察、自制，在日常行为当中不断以道德规范作为价值指引并自觉践行。第四，增强教育教学空间之中的信念感与信仰感。教师主体要真正吃透教材，以科学式、学理式的方式深入浅出地将其传授给学生主体，使其真正领悟到思想政治理论课的学科精神，通过历史与现在以及虚拟与现实的情境创设比对，使其真正理解其理论体系于日常生活的指导意义，激发内心的价值与信念认同，提高将理论知识转化为行为体系的有效系数。第五，提高体验式教学方法的比重，无论是常规课堂上小组主题式的自发讨论，在校外基地的定期实践，还是类似于“重走长征路”的主题式思想道德教育活动，合理设定体验式教学议题，将知识、情感、意志、信念贯穿一体，形成完善的空间教学链，切实提高思想政治理论课教学空间的有机联动以及教学实效。

其次，网格化式方法改革。网格化是空间化的一个典型特征，思想政治理论课教学要形成空间化效应，网格化模式应成为教学空间方法改革的题中之义。网格化管理原本指涉的一种数字化管理模式，即根据地理布局与现实情况，将所管辖范围划分成若干个网格化的单位，每一个网格都对应着一定的责任分管人，对其进行全方位动态化的管理模式。就思想政治理论课教学空间的网格化管理而言，尤其是网格化式教育教学方式的改革与创建，意指教学活动所处的空间不再是传统的学校场域，还囊括了社会和家庭，此三者为思政课教学方法改革的空间网格单元。推进其网格化式方法改革主要是基于思想政治理论课教学空间概念而提出，本研究在一开始时就指出，在新时代要获取预期甚至更好的教育实效，顶层设计空间化势在必行，其中最基本的核心概念即思想政治理论课教学空间不仅仅局限于学校内部，社会与家庭也是思想政治教育核心场域的组成部分。如若学校、社会、家庭是思想政治理论课教学空间的基本网格单元系统，那么这三者之下必然还需要细化出更小的网格单元要素，诸如学校单元网格系统不仅包含思政课教师，还有其他学科教师以及教辅人员等，社会单元网格系统则囊括了党政部门、社区街道和其他社会组织等。思想政治理论课教学空间网格化式方法改革，旨在以网格化管理为载体，以信息化平台为手段，学校、社会、家庭在完成各自思想政治教育任务且发挥各自功能的同时，形成差异化职责分配，促进网格体系内部的条块融合与有机联动，形成课堂教学、实践教学、网络教学的互通，提升思政课教学与政府、家庭、传媒、企业等组织机构间的协调互助。具体到推行网格化式方法模式，可以从以下几方面展开。第一，要建立一个整体统筹的网格化管理中心，负责对三个基本网格单元系统进行任务分配、管理与协作，规范其工作流程与任务。学校与社会网格单元可以各自设立网格化分中心，明确职责划分，例如学校网格单元中心负责人可以连同学校的思政课教学团队、团委、学工、教务、信息中心、图书馆和其他各职能部门分工合作。第二，要实现整体教育教学资源的网格化。学校方面，应该围绕思想政治理论课教学内容的设置，根据学生的特点与需求，灵活选取和应用各类教育资源，包括图片、音频、视频等，并结合网络平台适当在教学过程当中运用微课、慕课等网络教学形式，结合教育实践，使思想政治理论课教学空间实现网格化的资源覆盖。社会方面，学校网格管理中心应建立社会思政教育资源库，包括当地政府以及具有公共服务和道德培养功能的企事业单位定期与相关部门进行沟通，邀请各个行业的先进代表来学校开展专题讲座，使参与主体获得直观的职业道德教育与社会公德教育，培养正确合理的就业观。家庭方面，这往往是被忽略的一环，但却是十分重要的一环，因为每个个体对于世界的最初认知就来源于家庭，家庭是个体社会化的初始站。在进行网格化式的方法改革时，要加强家校联系，调动家长协助学校开展各类教育活动，定期与学校沟通学生的思想动态，可以邀请家长参与到学校组织的活动当中，以便于家长与学校进一步互相了解，对学生主体制定更具有个性化的教育方式。学校、社会、家庭每一个单元网格都良性运作，才能形成整个教育场域生态文明与良好风气，各单元网格的整合与协调共同推进思政课教学空间的构建，促进受教育者思想道德修养与政治素养、综合能力的提升。

再次，体系化式方法改革。当前关于具体的思想政治理论课教学方法模式的探讨已经颇多，诸如讨论式、案例式、启发式、专题式、问题式、合作式、情景式教学模式等等，但思想政治理论课教学空间的方法改革更多的是以一种空间化的视角来统摄整个教学场域的议题设置与开展，更具备体系化、系统化的特质。要推进思想政治理论课教学空间方法的体系化改革，第一就是要树立空间系统化思维，即要以立体化、多层级的方式来拟定教学目标、方式、内容、评价等，以学生为主体，强化课题式、合作式的素养导向，培养思想道德修养综合能力。具体而言，将知、情、意、信、行与每一次课程教学的知识点或项目设置进行有机融合，根据受教育者的特点与需求，以日常生活为切入点，采取差异性的教学方式，在思想政治理论课教学空间场域合理安排理论讲授、合作谈论、自我学习等教学方式，激发参与主体的价值共识与情感共鸣，宏观把握教学空间内的相关要素并制定恰当的过程评价机制。第二，设置空间化的教学实践议题。当前思想政治理论课空间教学的重要突破点之一就是要提升知行转化的有效系数，因此需要建立一个体系化的空间实践体系，囊括课堂内外实践教学、学校内外实践教学、现实与网络实践教学以及集中与分散实践教学等，在拟定实践议题之时可以根据实际进行交叉排列、优化组合。在课堂内部进行实践教学需要不断丰富教学方法，例如小组讨论、辩论、游戏、情境演练、演讲、讲座等，提高学生参与的主体性以及教学的感染力；课堂外部实践教学则要有效利用学校各类社团组织开展形式丰富的社团活动，不断拓展第二课堂教学空间。同时也要鼓励学生主体积极开展社会调研，参与志愿服务与公益活动，定期参与校外实践活动基地的实践教学，以弥补学校教学空间实践的不足，在此过程之中要注意集中与分散相结合，比如参观考察类适用于集中实践，而调研与志愿服务类则安排小组分散合作参与的实践方式更妥。另外，要结合当前信息化教学手段，实现网络实践与现实实践二者的相互观照，诸如建设思政课主题网站和App，甚至开发相关主题的终端游戏产品，积极开展网络调查、访问及讨论等网络实践教学，拓展第三课堂空间，加强现实空间与网络空间的意义互动、价值共享，实现三个课堂空间的互联互通，努力创设全员育人的教学空间氛围。

四　载体拓展机制

载体要素是高校思想政治理论课教学空间构架与发展的重要因素之一，教学载体的选取直接关系到空间教学目标达成的力度与效度，所以载体机制的构建与创新对于思想政治理论课教学空间的价值预设十分重要。新时代思政课教学空间载体机制应主要从三个方面予以完善，即大力发展高校学生理论团体、校外思政教育实践基地以及网络思想政治教育载体。

首先，拓展学生理论团体载体。无论是《关于进一步加强和改进大学生思想政治教育的意见》，还是《高校共青团改革实施方案》等党中央、教育部以及团中央等下发的文件都表明，高校学生理论社团，尤其是马克思主义理论社团作为思想政治理论课常规课堂的重要补充，是学校内部重要的思想政治教育载体之一。诚然，高校学生理论社团作为学生基于共同兴趣与需求而形成的自发性组织，伴随着新时代高校入学率的增长以及参与人数的扩张与活动形式的丰富，其自身的建设有了一定的发展，但还是存在不少问题。问题之一便是地区发展差异较大。当前有的高校较成熟的、规范化的马克思主义理论类社团多达好几个，且成员众多、规模巨大，多半集中在北京、上海、江苏等名校集中的区域，而有的高校则是一个马克思主义理论类学生社团都没有，此情况在欠发达地区较为多见。问题之二为社团管理机制不完善。部分高校的学生理论社团没有根据自己学校的特色与实际情况建立社团组织，牵头部门有团委、学生会或者专门的社团俱乐部，这些机构里的部分教师或者学生干部并不具有扎实的马克思主义理论知识，无法准确定位马克思主义理论社团，而是用一般性的文体社团的管理办法来指导理论社团，这必然导致管理失效或者定位不清。此外，对于成员管理没有形成科学化的制度，使得人员进出混乱或者人才流失，严重影响了正常社团活动的开展。问题之三为学校对社团支持力度不够。从少数发展较好的学生理论社团来看，一般学校对其支持力度是较大的，反之当前绝大多数高校则普遍存在对马克思主义理论社团支持不足的问题。参加学生理论社团的大学生们拥有学科热情，对国家与民族的发展十分关注，但本身的社会实践经验相对缺乏，理论基础不够扎实，在面对复杂的社会思潮和社会问题时难以形成科学系统的看法与认知，这需要专业老师予以指导，而现实情况是思想政治理论课的专业教师通常都有繁重的教学与科研任务，对于指导社团工作多是分身乏术，而这也是制约社团健康良性发展的瓶颈之一。问题之四为社团活动设置缺乏科学性与吸引力。有的学校对于马克思主义理论社团还是给予了重视，在成立之初团委或者党委领导还到场祝贺甚至发表了主题讲话，学校电视台或者校报也给予了报道，产生了一定的影响，但随着时间的推移，社团活动参与人数越来越少，究其原因在于活动形式单一，且活动内容跟学生日常学习生活或者当前的国内外形势联系较少，难以对受众产生吸引力，缺乏后续发展的内生动力。问题之五为社团活动场地经费不足。很多高校内部有不少学生活动中心，但专门给马克思主义理论类社团使用的则极其有限，一般除了马克思主义学院之外，就难以找到其他开展活动的地方，更别提建立校内实践基地供马克思主义理论社团开展实践活动了。再加之学校很少拨专门经费给学生理论社团，这也极大限制了社团活动的开展。因此，只有以上的问题得到逐一缓解与解决，高校理论社团这个重要载体才能在思政课教学空间模式创新与改革方面发挥应有的作用，譬如可以联合学校其他部门对社团相关骨干定期进行理论培训，建立健全社团相关规章制度，促使成员管理和活动开展更加规范化和科学化，学校采取一定程度的倾斜政策，鼓励专业教师参与到理论社团的工作指导当中，引导社团成员形成正确的世界观、人生观、价值观以及增强分析问题解决问题的能力，同时加强思想政治理论课教学与学生理论社团的空间互动，将二者通过社会实践等议题设置有机结合起来，促进大思政教学空间的构建，进一步拓展思想政治教育教学的辐射范围。

其次，拓展校内外实践基地载体。思想政治理论课教学空间的实践基地建设在整个空间载体架构之中具有重要的基础性地位，一方面作为思想政治理论课教学的拓展与深化，将教学内容、计划与评价诸多环节有机联系在一起，另一方面加强实践基地建设也有助于完善教学空间场域的物质保障，同时有利于教学实效的进一步提高。此外，思想政治理论课教学空间实践基地能为学生参与主体提供认识、了解和接触社会的窗口，通过对于实践过程当中现实问题的探索，形成辩证性的思维来正确理性地看待与分析现实社会中的热点问题，在培养其创新、合作与实践能力的同时，促进其利用专业知识投身于地方社会的发展与服务当中，这与思想政治理论课的价值预设具有内在契合性。拓展校内外思想政治理论课教学空间实践基地应该秉持一种协同创新的理念，即高校、政府、企事业单位和其他社会团体应通过完善沟通机制来联合行动，在对校内外所有资源进行整合的基础上合理布局，合理调动空间要素来系统安排实践基地的建设。就当前的思想政治理论课实践教学而言，存在以下几个方面的问题。一是教师主体没有深入理解和把握何为理论教学以及何为实践教学，难以以辩证的方式来设定教学目标与内容，同时也不能正确把握实践教学与师生互动、校内实践与社会实践的界限与关系，使得教学效果不甚理想。二是学生主体参与度不高，究其原因，主要是源于实践教学未能真正以学生为设计主体，难以激发参与个体的内在价值诉求，其内容与形式没有与当下参与主体的实际情况以及社会问题有效链接，知行合一难以促成。三是思想政治理论课实践教学方式方法难以形成有机整体来达成既定目标，其项目设定大多为个体化、服务型、强制性且较少与理论联系在一起，缺乏团体式、个性化、创新型且与理论、生活问题有效联系的议题设置。针对以上问题，拓展思想政治理论课教学空间实践基地可将以下作为切入点。第一，在实践基地建设上要注重特色性和多样性，应囊括爱国主义教育、思想政治教育、公民道德教育、心理健康教育等教育功能，其地点选择应校内与校外、城市与乡村并重，促使区域内部教育资源的共享共建、互通有无，使实践主体能够进一步深入了解国情、世情、民情。第二，在思想政治理论课教学课堂空间之中，可以多引入案例式、课题式教学模式。在案例式教学方面，注意选取贴近学生生活实际、在我国历史发展进程中有代表性、反映新时代我国在中国特色社会主义建设中面临的新问题与新情况的案例与事件，同时要与教学目的具有契合性，增强学生的主体性发挥；课题研究也是课堂空间实践的重要一环，因为课题实践研究往往都是针对当前理论以及现实当中具有研究价值的重要命题开展，具有较强的应用性与时政性，同时还能促进学生提高独立思考、自主学习、创新探索的能力，在课题实践的过程中，能够自发地寻求理论知识来自觉指导实践，有效拓展参与主体的知识域、价值域、行动域。第三，要做好思想政治理论课教学现实空间的保障工作。教师群体需进一步提高理论与教学水平，具备相对丰富的实践经验与能力，深入把握理论与实践二者的辩证关系；校内外相关部门应保证专项实践经费供给以及建立系统化的监督与管理制度，保证专款专用以及实践活动的正常开展，同时要根据不同地域、层次和类别的实践基地设定有差异的、常态化的实践项目，结合各地区的历史文化资源以及行业发展先进事迹，深入挖掘与思想政治理论课教学互为支撑的教学资源，推动思想政治理论课空间实践基地建设的规范化、持续化、特色化，为新时代培养合格人才提供有力的支撑平台。

再次，拓展虚拟网络空间载体。网络空间是新时代最具有时代特色的空间文化样态。“网络世界在虚拟中勾勒出了我们正在建立的新现实世界的轮廓，并在实时地构建着新世界的基本范式、预示着新世界的模样。”① 思想政治理论课教学空间囊括了现实与虚拟两个重要的教学空间场域，网络空间之中的思想政治教育主体的交往互动同样需要载体中介，因而拓展虚拟网络空间载体对于其基本模式的创建十分必要。教育部、中宣部等部委发布的文件中多次提到思想政治理论课教学应当重视各种信息资源共享。习近平总书记在相关讲话中也不止一次提到应该努力掌握好网络传播规律，在此前提下将信息技术与思想政治教育工作的传统优势相互融合，增强时代吸引力，加大对技术手段的运用，大力开发网络资源，加强线上线下的教学空间互动交流。自 20 世纪 90 年代我国引入互联网以来，互联网空间的发展十分迅速，大数据、云计算、物联网以及互联网 + 等信息技术已然与人们的生产生活相互嵌入并发生作用了。在线教育已经有 AI 技术作为依托来进行个性化的教学产品的研发与推广，人工智能与大数据已逐步成为线上课程的技术基础，用以提升教学的趣味性和有效性，提供更具个性化的教学方案。由此可见，大力拓展思想政治理论课教学空间的网络载体应用模式已是必然趋势，传统的思政课堂空间已不再是学生群体们获取知识的唯一途径，网络空间的链接以及信息平台的使用在为教学参与主体提供更高效便捷的学习平台的同时也拓展了相互交往的空间场域，提升了受教育者的主体意识与地位，网络载体的开放性、共享性、即时性能够满足参与主体个性化、多样化的学习需求，在很大程度上打破以往教学活动空间环境的制约，激发了学生个体的学习自发

① ［加拿大］哈维·费舍：《数字冲击波》，旅游教育出版社 2009 年版，第 51 页。

性，提高了其创新与探索能力。具体而言，学校应加大对于网络平台的建设与维护，以人工智能、大数据等信息化思维来设定教学目标、考量教学内容，在培养政治素养、道德修养的同时提升媒介素养以及网络安全观念，要注意对思想政治理论课网络教学空间场域意见领袖的培养，尽量避免教育教学过程中“沉默螺旋”的发生，根据不同的教学项目与课题选取恰当的信息化平台或者终端应用，通过大数据分析和精准画像来获取、分析与处理相关教学数据，科学预测之后的学习趋势，从而更合理有效地设置教学议程，最终联合线上线下一切资源，在实现同步教学的同时使得现实、网络教学空间互通有无、有效转换。

第六章

高校思想政治理论课教学空间的现实境遇

任何空间都不是独立存在的，空间的发展与其内部因素、现实要素密不可分，彼此互相作用、相互形塑。对于高校思想政治理论课教学空间的优化与拓展而言同样如此，除了深入挖掘相关的理论资源，仔细分析思政课教学空间的本质与特征、结构、类别与功能，以及认真梳理思想政治理论课教学空间的演进历程、需求动力以及基本机制之外，对于思想政治理论课教学空间的相关要素，尤其是教学空间参与主体现实境况的准确把握与掌控也是影响科学优化与拓展思想政治理论课教学空间的重要因素。

第一节 相关问卷调查

问卷调查是人们在进行社会调查与研究活动当中的一种常用方法，即调研者通过详细设定一组与研究目标有关的问题，要求被调查者据此回答来进行资料和信息的收集，利用数据分析与统计方法，对相关的社会活动过程进行定性与定量的描述。思想政治理论课教学作为一种特殊的社会实践活动，不仅以人作为教育与培养的对象，同时带有鲜明的意识形态特性，因而使用问卷调查法深入思想政治理论课教学空间的各个领域，深入地、实际地把握受教育者的空间属性、空间轨迹和思想动态是十分必要和重要的。在不同的社会领域，问卷调查法的功能性、实践性有所差异。在思想政治教育领域，尤其是在思想政治理论课教学空间场域之中，问卷调查法首先就有自身独特的功能定位，即针对高校在校生群体的思想政治状况以及参与的思想政治教育实践内容而展开，围绕思想政治理论课教学空间相关要素而设计的一系列问题组合并编织成一套调查问卷，通过对抽样选取的高校在校生群体的回答信息进行系统整理、分析之后，总结出大学生们在政治态度、思想行为等方面的规律与特点以及影响其思想状态和实践行为的因素，从而做出相关预测并为今后的思想政治教育工作提供依据。

本书此次所展开的问卷调查研究是关于思想政治理论课教学空间发展现状的，相关的调查议题主要围绕几个方面展开。一是探索思想政治理论课教学空间参与主体的行为、动机与需求。高校大学生群体具有自身独特的生理与心理特征，由于问卷调查的匿名性、间接性等特点，在调查其真实的空间行为动机和思想政治理论课教学需求方面具有一定的优势，尤其是当涉及被调查者认为的隐私空间领域时。二是调查参与主体的态度与观点。思政课教学空间优化与拓展的目的就是要将思想政治教育深入和渗透到受教育者所能接触的方方面面，把握高校在校生的真实状态和思想脉搏。因此，本次调查问卷也有不少关于被调查者的态度、观点和信念议题方面的项目设置，只有在心理层面把握住受教育者的状态与节奏，问卷的设计才不是自说自话，问卷的效度才能不被质疑。三是探测思想政治理论课教学空间参与主体的知识水平与教学期望。比如，在此次问卷设计中，部分议题项目就涉及被调查者对于理论知识的储备情况，以及对于学科精神以及国家下发的有关思想政治理论课教学制度文件的了解与认知情况；此外还有一部分项目是针对被调查者的预期和期望而设定的，因为此次调查问卷的最终目的也是通过实际调研来进一步提升思想政治理论课教学空间的建构与拓展，从而更好地为教学参与主体服务。四是掌握思想政治理论课教学空间参与主体思想行为、政治态度方面的特点、影响因素和相关规律。在本次的调查问卷设计过程当中，问题与指标之间都有一定的因果关系或者相关关系，在了解现状和解释现象的同时还用来发现规律，通过抽样—问卷—统计分析这一过程，为教学空间的实际构建提供理论依据和经验参考。

具体而言，本次关于思想政治理论课教学空间发展现状的问卷调查主要集中于课堂空间、学科空间、现实空间、虚拟空间、制度空间与非制度空间六个思想政治理论课教学空间的重要维度，这六个空间维度是本书优化与拓展整个思想政治理论课教学空间的理论框架，相互联系、互为作用。此次问卷调查共回收有效问卷1485份，调查对象为国内部分高等院校在校生，包括“双一流”、“985”、“211”院校，部属院校及省属重点院校，地市级院校，以及独立学院与其他民办学院，其中前四者公办高校生占比46.31%，独立学院与民办学院占比53.69%；学历层次涉及专科、本科、硕士与博士，其中本专科生比例为86.89%，硕士与博士分别为8.65%、4.46%；专业领域涵盖了人文社科类、理工学科类、经理与管理类、文学、医学、军事学，所占比例分别为61.37%、22.32%、13.95%、0.28%、0.7%、1.39%。本次问卷调查共设调查题目22个，包含21个单项选择题以及1个主观填空题，其中单项选择题涉及课堂与学科空间、现实与虚拟空间、制度与非制度（生态）空间各个层面，相关内容会在本章以下两个小节中进行详细解读与分析；主观填空题则是请被调查者基于个人的理解，对思想政治理论课教学空间的发展提出意见，从提交反馈结果可以看出，高校在校大学生们对于思政课教学空间发展的关注领域甚广，涉及教学的实效性、互动性，教学模式的改革与创新，教学内容的丰富与拓展，信息手段的选择与使用，学生主体性的激发，日常生活空间的熏陶以及学校资源与制度的配套管理等，为思政课教学空间的优化与拓展提供了非常宝贵的意见与建议。

第二节　高校思想政治理论课教学空间的优势解读

高校思想政治理论课教学空间是一个为师生主体提供参与思想政治理论课教育教学活动的空间场域，在此过程中涉及课堂空间、学科空间、现实空间、虚拟空间、制度空间与非制度空间各子系统的构建、优化与相互作用，从而共同推动着整个教学空间的拓展。整体来看，思政课教学空间建设取得了瞩目的成绩，以“思想政治理论课教学”为研究主题的学术成果也颇丰。“05 方案”实施后，思想政治理论课教学研究相关论著快速增长，截至 2018 年，出版相关专著 336 部，占全部专著的 92.8%，发表期刊论文 42924 篇，占全部论文的 88.3%；思想政治理论课研究主题日益多样化，其中关于教学方法、教学内容、教学技术的研究先后于 2016 年、2017 年达到各自峰值，研究视角聚焦于教师群体，关于学生群体和教学环境的研究总量较少，但是仍然呈现不断上升态势；思想政治理论课教学研究领域越来越多地关注课堂以外的实践教学、网络教学、社会文化资源教学以及以学生为中心的教学、学生道德素质、学生心理素质、学生获得感等，更多研究关注复杂的社会环境、新信息技术条件、师生互动关系、动态教学过程、教学环节等；同时思想政治理论课教学研究论文中发表于核心及 C 刊的比例日益提升，表明思政课研究论文质量呈现稳步提升的态势。① 以空间思维的视角来观察当前思想政治理论课教学现状的发展，在本书所构架的六个子系统中都呈现出不同程度的有利发展态势。

一　课堂空间主体化

在课堂空间领域，本次问卷除了前 3 个问题是针对个人所在高校、所属学历层次以及所学专业的基本信息调查之外，紧接着的几个问题就针对当前高校思想政治理论课课堂空间之中的教学现状所设置，例如“您认为当前的思想政治理论教学有满足您的相关需求吗?”其反馈结果如表 6－1 所示：

① 董梅昊、佘双好：《新中国 70 年来思想政治理论课教学研究回顾与展望》，《思想理论教育导刊》2019 年第 10 期。

表6－1　　受教育者需求满足程度示意图

选项	小计	比例
没有	103	6.94%
一少部分	344	23.16%
基本上	686	46.2%
很大程度上	352	23.7%

从表6－1可看出，持肯定态度人占到69.9%，其中接近三成认为很大程度上满足了参与主体的相关需求，这说明当前思想政治理论课的课堂空间教学还是取得了一定的实效，换言之，受教育者的主体性得到了进一步的关注和激发。

具体而言，当前高校思想政治理论课的课堂空间主体化呈现出以下特点。一是思想政治理论课教学逐渐开始以学生的成长需求和期待为中心，即在教学资源的开发、教学内容的设计方面更加关注受教育者的身心需求，以其实际成长过程中的需求来整合教学资源以及基于学生当前所关注的问题来组织教学内容，使整个教学过程的设计能够更加契合受教育者的心理特征和价值追求。二是思想政治理论课教学更加关注受教育者在教学空间之中的参与体验与获得感，在进行教学设计之初，先去关注受教育者当前最关心和最需要解决的问题，以此为基础来进行理论的传授，提高其运用马克思主义理论体系理解、分析和解决问题的能力，同时以情感共鸣为基础，尝试身份切换，以朋友或亲人的身份来观照与服务学生。三是在思想政治理论课教学方法采用上，更注重对于受教育者学习积极性和主体性的激发与调动，并将其作为贯穿整个教学过程和进行教学研究的指导思想。四是思想政治理论课教学的话语体系逐渐向学生能够接受的维度转变，师生之间的互动来自相互对话和交流，对话与交流进一步顺畅了双方的沟通，而以往的教育者与受教育者之间存在的话语“势差”是阻碍教学沟通的重要因素之一，因而探索学生容易接受的话语方式是当前思想政治理论课教学的目标之一。五是思想政治理论课教学的评价体系凸显出对受教育者有积极意义的发展方向，对于教学质量的评价应坚持学生自评与互评相结合的方式，灵活安排个人学习过程的自评以及集体教学活动中的互评，以促进学生的成长发展为旨归。六是在思想政治理论课教学中更加注意对信息化手段的运用以及与教学的融合，无论是对互联网以及新媒体手段的使用还是教学模式的信息化创新，这无疑已经是当前思想政治理论课教学空间开展活动的形式之一，试图将新媒体和新技术有效融入传统思政课教学模式之中。七是分类化研究更加突出，各层级各类别的高校开始注意结合自身的特点来差异化地开展思想政治理论化教学，同时结合自身的地域文化和地方资源来开展相应的思政课理论和实践教学，突出服务地方的社会功能，更加注重教育教学过程中的多样性。

二 学科空间规范化

在学科空间领域，其调研议题有诸如“在您看来，思想政治理论类课程与其他的专业、非专业课程相比，有自身独特的学科体系吗?”其反馈结果如表6－2所示：

表6－2 思政课学科体系的认知比率比较

选项	小计	比例
没有，只学习到零散的知识点	131	8.82%
不明显，有些科目的系统性稍强一点	401	27%
比较明显，大部分课程都是一个相对完整的系统	612	41.21%
有，非常明确课程内部和课程之间的逻辑关系	341	22.96%

以及“您认为思想政治理论类课程的学科精神与其他专业的学科精神有所区别吗?”其反馈结果如表6－3所示：

表 6－3　思政课学科精神与其他学科精神区别比率

选项	小计	比例
没有，每个学科所蕴含的学科精神类似	241	16.23%
有，思政类课程所蕴含的学科精神更具使命感、包容力	1244	83.77%

可以看出，六成以上的在校生认为思想政治理论类课程具有自身独特的学科体系，且八成以上在校生认为思想政治理论类课程所蕴含的学科精神有别于其他学科的学科精神，更具有使命感和包容力，这反映出大部分受教育者对于思想政治理论课教学空间的学科空间子系统的建设给予了认可。换言之，学科空间的发展体现出进一步的规范化发展趋势。

回顾马克思主义理论学科的创建历史，应该要追溯到 20 世纪 70 年代后期研究生教育的逐步恢复。1980 年，全国人大常委会通过了《中华人民共和国学位条例》，1981 年国务院批准了《中华人民共和国学位条例暂行实施办法》，这标志着我国学位制度的正式建立。此后的十多年，学位和研究生教育在一系列的政策和配套措施的出台下逐渐扩大规模，加快发展。应当说，改革开放这一伟大的举措极大地推动了马克思主义理论学科的创建，虽然在这中间也遇到过一些新的问题，但总体而言我国经济、政治、文化、社会、生态等方面的建设为马克思主义学科的发展提供了相应的物质、精神和政治基础。20 世纪 80 年代，随着我国社会发展的不断转变，思想政治工作和教育也面临着新的调整，体现在一系列的政策制定与实施上。1984 年，教育部颁发了《关于在十二所院校设置思想政治教育专业的意见》，人才培养渐趋层次化、专门化，同年 6 月，又下发了《关于在六所高等院校开办思想政治教育专业第二学士学位班的意见》；随着 1987 年《普通高等学校社会科学本科专业目录》、1993 年《普通高等学校本科专业目录》以及 1998 年《普通高等学校本科专业目录》一系列文件的颁布与实施，思想政治教育专业由最初的“马克思主义理论、思想政治教育类”学科门类调整到“教育学”学科门类，最终归属于“法学”学科门类。在研究生教育方面，国家也相继通过一系列文件逐渐规范学科建设，例如1987年印发了《关于思想政治教育专业培养硕士研究生实施意见》，1990年通过的《授予博士、硕士学位和培养研究生的学科、专业目录》，1995年制定的《关于高校马克思主义理论课和思想品德课教学改革的若干意见》，2005年下发的《关于调整增设马克思主义理论一级学科及所属5个二级学科的通知》，这些文件的相继出台伴随着马克思主义学科研究生教育的迅速发展，从最初的研究取向确定、学科力量建设、学科经验累积，到学科硕士点、博士点的申报与确立，再到2006年评审出我国马克思主义理论学科，共建立一级学科博士点21个，硕士点73个，二级学科博士点103个，二级学科硕士点453个，最终使马克思主义理论学科形成了具有自身特色和体系的学科门类。

马克思主义理论学科在所有的学科门类当中具有非常独特的性质和地位，因为其研究对象为马克思主义，马克思主义是我国的立党之本、立国之基，受到国家的高度重视和大力支持。就当前的思想政治理论课教学空间之学科空间子系统而言，具有相对明显的学科优势。一是始终坚持马克思主义为指导，是马克思主义理论学科区别于其他哲学社会科学的根本标志以及快速发展的重要经验。在新中国成立之后的几十年，国家不断面临着各种社会变革、利益调整和观念碰撞，以及社会思潮多元化与意识形态复杂化，正是因为有马克思主义以及中国特色社会主义理论体系的正确引领，才将其中的真理性力量转化为强大的感召力和凝聚力，将其深入到教学、科研与学科建设中，使马克思主义理论教学与科研人员的政治信仰与理想信念更加坚定，在工作中有更加明确的价值追求，进一步促进了学科的稳步建设与发展。二是学科发展始终与社会发展需求相契合。马克思主义理论各级学科层次培养方案的设定都是围绕着党和国家的各项教育方针进行的，旨在培养新时代的合格接班人。因此，马克思主义学科的建设密切关注社会主义改革与发展实践中的实际需求，立足于学科自身的属性、结构与功能，坚持为社会建设服务，尤其是马克思主义中国化、时代化和大众化为强化主流意识形态建设、智库建设、理论工程和基地建设起到了重要作用，学科点在具体的培养方案、教材选取、教学方法、队伍建设方面都对党和国家的相关政策予以体现和落实，进一步强化了社会主义的办学方向。三是学科建设有效提高了思想政治理论课教育教学的水平。思想政治理论课建设和学科发展之间其实是互为作用的，后者为前者提供服务，前者反过来促进后者的建设。马克思主义理论学科在思想政治理论课的教材编写、内容设计、方法改进、队伍建设、质量评估各方面，都提供了全方位的保障和支撑作用。目前，马克思主义理论学科已形成了多层次多维度的综合化学科体系，体现出系统规范化的学科空间发展特征。

三　现实空间多样化

这里的现实空间强调的是与理论空间相对应的实践概念体系，而不仅仅是实体空间的指涉。在现实实践空间层面，调查问卷的相关问题比如“您所在高校开设的实践教学与思政课的理论讲授有呼应吗?”其反馈结果如表6－4所示：

表6－4　　实践教学与理论教授呼应程度比较

选项	小计	比例
几乎没有，实践教学的频次很低	162	10.91%
比较少，实践项目多在校内进行，偏重形式化	356	23.97%
有一定的呼应，但不够深入	472	31.78%
有，与理论授课同步进行，项目设计科学，有效促进知行合一	495	33.33%

上表反映出有65%左右高校开设的思想政治理论课实践教学与理

论讲授是互相呼应的，其中半数在校生认为开设的实践教学设计科学，可有效促进知行合一。换言之，现实空间实践项目的多样化可以促使学生主体获得更好的学习体验。

实践性是思政课教学空间的本质属性之一，观照现实问题是思想政治理论课教学空间的价值旨归。新中国成立前对于革命问题的实践以及新中国成立后对于社会主义建设和改革的实践，不断推进着思想政治理论课教学的发展与创新，形成了中国特色社会主义理论体系的重大成果。同时，思想政治理论课教学空间优化与拓展的目的就是要更好地培养新时代具有马克思主义素养、能担当民族复兴大任的时代新人，思想政治理论课教学现实空间的建设能有效促进参与主体将内化的思想观念体系外化为具体的空间行为。当前，各界对思想政治理论课实践的重视程度在不断提高，近年来国家出台了一系列有关思想政治理论课实践教学的政策文件，实践形式不断丰富，教学制度也逐渐规范，形成了思想政治理论课实践子系统独有的空间特色。一是思想政治理论课实践教学的落实力度在加大。不少高校将思政课的实践教学分配以专门的学分，强化制度落实，同时结合教学需要和现实需求设置调研课题，鼓励学生针对相关主题并结合现实情况来自行设计调研课题，在课堂实践之余将思想政治理论课实践教学融入假期生活，利用假期来开展更加深入的实践教学活动。此外，部分高校在关注思政课实践教学的同时，还与课堂专题教学以及课下网络教学有机结合，创新思政课程实践思路。二是思政课教学现实空间因竞赛机制的引入功能设置更加完善。竞赛活动具有较强的组织性，具有相对系统的规则与流程，某些高校在思想政治理论课实践教学中引入竞赛机制，促进其与学校各院系以及各职能部门之间的协调配合，有助于竞赛化实践教学模式的规范化、有序化以及资源的整合化。此外，由于竞赛具有自身特有的目标、标准和形式，主体在参与竞赛式思政课实践教学时能够形成更为明确的价值取向性，其活动形式的多样化和实践体验的趣味性有效增强了主体参与实践的兴趣与动力，在思想政治理论课的学习与实践中营造出比、学、赶、超的空间氛围。同时，在竞赛活动过程中可以判断出参与者对思想政治理论知识的基本掌握和运用情况，其通过对于参赛选手的宣传和展示可以在呈现良好教学成果之余，进一步提升实践教学的社会化影响，创造出更加良性的空间实践氛围。三是创业文化开始不断融入思想政治理论课教学现实空间之中。在教育部下发的《关于大力推进高等学校创新创业教育和大学生自主创业工作的意见》中指出，要将创业教育纳入相关教学计划与学分体系之中，有效融入整体的课程体系设置。创业文化在思政课实践教学之中有其独特的价值作用与功能导向，例如高校校园内部与社会组织、企业合作的创新创业园区的 logo 设计或者相关规划就可以作为思想政治理论课实践教学的课外延伸；创业文化中核心价值理念可以在实践活动中更加生动地得以诠释，显示出思政课实践教学的特色性、时代性；创业活动之中难免会出现冲突与摩擦，如何把握道德准则与法律底线，将个人理想融入团队的价值诉求，以及灵活运用马克思主义理论来指导其实践行为等都是需要认真研究的课题。总之，将创业文化与思政育人相统一的高等院校，正在努力践行以学生为主体的实践文化模式，将创业文化的理论课落实到实践中去，以创业者的身份和视角来转变和改善相关思想政治理论课教学空间的设计与安排，通过案例教学、情景模拟等方式来推进思想政治理论课现实空间实践教学的建设。

四　虚拟空间技术化

此处的虚拟空间是与实体空间相对而言的。当被调查者被问到“您有在线进行思想政治理论课学习的经历吗？”其反馈结果如表 6－5 所示：

表 6－5　**思政课在线学习经历比率差异**

选项	小计	比例
没有	366	24.65%
有，很少	807	54.34%
有，经常	312	21.01%

从上图可以看出，在受访者当中有接近八成的高校在校生都有过网络思想政治理论课学习的经验或经历。当前，网络技术日新月异，正逐渐渗透进人们生产生活的空间领域，面对网络科技带来的机遇与挑战，不少高校的思政课教学已经将网络信息技术引入思想政治理论课教学当中，通过网络虚拟空间教学可以对传统的思政课教学模式有所补充，在节约人、财、物资源的同时可将当前所有资源进行有效整合，教学内容更加丰富、形式更加多样、空间氛围更具亲和力。换言之，虚拟空间技术含量的不断提升，以及教育技术的使用促进了网络思政课教学的发展。

具体而言，一是促进了思想政治理论课参与双方形成互相尊重的新型师生关系。在网络思想政治教育教学过程中，教师和学生双方相互作用与影响，往日实体空间中的身份藩篱被打破，之前权威式、严肃式的教育方式逐渐被平等化、轻松化的模式取代，受教育者的紧张和不适情绪得到缓解，更加容易表达出自己内心的真实想法和需求。此外，相关网络平台中的在线提问与解答、讨论与弹幕等功能的使用增强了学生学习的主动性、自发性以及与教师的良好互动，类似于网络群组等空间单位的建立，可避免以往实体教学空间之中下课之后师生交流就被切断的问题，进一步保障师生交流的稳定性与持续性。在网络思想政治理论课更加自由、平等、开放的教学空间之中，教育者与教育对象之间更倾向于协商对话式的双向互动，一种新型的良性的师生关系和思政课教学空间氛围趋于形成。二是思想政治理论课网络在线教学方式正在一定程度地改善和提升思政课教学实效性。当前已经出现了多种形式的网络思政课教学模式和手段，例如在线案例视频教学、慕课、微课以及思政类主题网站和 App，这些教学形式正在被不少高校积极运用到思政课教学空间之中。“‘中国大学 MOOC’平台与国内外 286 所高校开展合作，开设课程涵盖了计算机、经济管理、理学、工学、心理学、外语、文学历史、艺术设计、医药卫生、农林园艺、哲学、法学、教育教学及其他方面的课程，课程总数量约 3500 门。其中，思想政治理论课开设课程 37 门（包含已结束课程），包括国家级精品课程6门，普通课程33门。”[①] 当前国内高校思想政治理论课的慕课不少采取的是SPOC（Small Private Online Course）慕课形式，受众规模控制在几十个到几百人之间，也有部分高校根据自身条件和需求的不同采取的是大规模的MOOC（Massive Open Online Course）慕课形式，无论哪种形式的思政课慕课教学，对于学习效率的提高、教学空间的管理以及授课对象积极性的调动都有所助益。在课程评价方面，慕课通过视频观看情况、单元作业与测试以及讨论发言和期末测试等方面来综合考核，其在线技术的使用使得不少测评部分可以在线自主完成，减少教师工作量的同时也提高了课程评价的效率。三是网络信息技术的使用正在逐步优化传统的思想政治理论课教学空间。互联网与信息技术使得“教”与“学”脱离了传统的时空限制，为异步教学与个性化教学创造了条件。在传统的教学课堂之中，教师的“教”与学生的“学”同步进行，一旦脱离了课堂空间，教与学就难以为继，而网络思政课的教学可以使教学活动全天候进行，学生的学习与问题咨询以及教师的讲授和问题回复完全可以异步进行。另外，“教”与“学”不再拘泥于现实课堂空间，如今只要有互联网平台，就可以作为教学互动开展的网络课堂空间，从前教学的物理空间关系逐渐转变为数字空间关系，学生在网络思政课堂空间内也拥有更多的思想政治理论课学习的自主权和选择权。

五　制度空间协同化

在本次问卷中，关于制度空间的调查议题比如“您有关注或了解过国家下发的有关思想政治理论课教学的制度文件吗?”其反馈结果如表6－6所示：

① 刘丽敏、郝丽媛：《“金课”视阈下高校思想政治理论课的慕课教学改革及其深化》，《学校党建与思想教育》2019年第7期。

表 6-6 制度文件关注度情况示意

选项	小计	比例
没有	233	15.69%
有，但只见过或听过，未曾深入了解	881	59.33%
有，对部分政策或制度文件进行过研读	371	24.98%

另有"据您了解，贵校的思政课教学状况与学校的制度保障有联系吗?"其反馈结果如表 6-7 所示：

表 6-7 思政课教学与制度保障关联认知情况

选项	小计	比例
似乎没有联系	159	10.71%
应该有，但不清楚具体有何联系	845	56.9%
有，思政课教学空间与学校空间相互交叉渗透	481	32.39%

可以看出，大约 85% 的被调查者了解过相关制度文件，接近 90% 的受访者认为该校的思想政治理论课教学状况与学校的制度保障相互联系，这反映出大学生群体对于当前教学所处的校外大政策空间与校内小制度空间都有一定的了解与把握。换言之，制度空间开始表征出大小制度之间的协调统一。

党和政府制定的相关规章制度与意见等形成了思想政治理论课教学的大政策空间。我国的思想政治教育政策环境建设在以下几个方面取得了不小的成绩：一是从恢复马克思主义理论课程开始，基本框架得以建立，随后逐步加强和完善课程建设，不断调整课程方案，拓宽教学空间环境；二是促进思想政治教育学科的建立，完善人才培养方案，在此基础之上加快学科的自主式发展；三是重视思想政治教育队伍的建立，提高队伍的专业化、职业化程度；四是不断增强思想政治教育实践的针对性和实效性，例如树立先进榜样、开展专题教育、拓展育人途径等。除了党和政府在为思想政治理论课教学保驾护航以外，高校内部的制度空间营造也十分关键。当前，高校内部在制度空间的建设方面已着手从这几个维度展开：一是重视高校党委在思想政治工作方面的顶层设计。加强党委在思政工作方面的顶层设计既是坚持社会主义办学方向的需要，也是改进和强化教学的需要，因此诸多高校在首先遵循国家相关政策精神的前提下，开始树立一种大格局的思政工作理念，形成校内各部门的整体布局和联动效应，同时要以问题导向为设计原则，重视制度、队伍等要素的统筹设计；二是强化了思想政治理论课与校内其他空间要素协同的制度建设。课程教学与日常教育是高校思政教育教学工作体系的鸟之两翼，渠道与阵地互为支撑，实现两者的协同育人效应是当前优化思想政治理论课教学空间的突破口之一，教育目标、教育方法的相互融合以及理论与实践双向考核的模式都已作为改善措施予以实施。同时，不少高校还通过制度设计来保障高校其他各类课程与思想政治理论课教学形成空间合力，确保各类课程与思想政治理论课教学协同发展，在结合自身课程特色和资源的前提下，将立德树人作为课程教学的根本任务。此外，尽力协调好思想政治理论课教师队伍与辅导员队伍和其他课程教师队伍的分工，努力将主渠道育人空间和主阵地育人空间交叉渗透。国家、学校、社会在制度上的协调统一和相互支撑正在形成正向价值引导的空间合力共鸣。

六　非制度空间开放化

本书所研究的非制度空间主要指社会生态方面的空间研究。在本次问卷调查之中，针对现实生态空间和网络生态空间设置了两个调查议题，分别是“当您进入到目前的思想政治理论课教学空间之中时，您的感受是?”以及“现在的网络生态环境有利于思想政治理论课教学空间的发展吗?”得到的反馈分别如表 6 - 8 以及 6 - 9 所示：

表6－8　　　　进入思政课教学空间的感受差异

选项	小计	比例
不太愉悦，有一种压迫感	122	8.22%
无所谓，选择性接触和接受	241	16.23%
感受不错，更了解当前中国的发展现状以及国际形势	688	46.33%
感受挺好，更加清楚中国道路的选择和当代大学生的使命	434	29.23%

表6－9　　　　网络生态环境对思政课教学作用认知情况

选项	小计	比例
不清楚，没了解过或考虑过	244	16.43%
有利，信息手段的使用有助于教学实效的提高	1054	70.98%
不利，网络空间的虚拟性、开放性等会对主流意识形态建设构成威胁	187	12.59%

大约75%的大学生受访者认为进入到当前的实体思想政治理论课教学空间的感受是良好的，在了解当前中国社会发展现状和国际发展形势的同时，更加清楚中国道路的选择和明确当代大学生的使命；就目前的网络生态空间环境整体来说，约70%的受访者认为机遇大过挑战，网络信息技术和手段的使用有助于思想政治理论课教学实效性的提高。虽然以上两个问题未能从细节上和更加系统的角度反映整个思想政治理论课非制度空间的全貌，当前思政课非制度空间的发展跟其他几个空间子系统相比也相对滞后，但是也在一定层面上反映出当前思想政治理论课教学生态系统建设取得了一定的成绩。换言之，非制度（生态）空间当前正在努力营造出一种开放式、流动式、互动式的教学空间氛围。

生态一般指涉的是生物群落之间以及群落与环境之间的相互作用，强调事物的整体关联以及系统内部的协调发展。高校的思想政治理论课教学已经明确了生态化是其重要的特征之一，即根据自身系统特有的生态特质，以生态化的思维方式，运用生态学的理念、原则与方法，协调思政课教学空间的参与主体关系，进一步整合空间要素与资源，优化教学空间，努力实现一种互动平衡、协调开放的空间教学发展模式。不少高校开始尝试用马克思主义生态哲学的思想作为指导，来审视和构建思想政治理论课非制度空间，灵活调动师生这一对有效的生态因子，提升教师与学生之间的能量流动来改善和维持教学空间的物质、信息、能量之间的动态平衡，有效处理整个教学空间之中生态因子与非生态因子的关系，以及学校生态系统和社会生态系统的协调与配合，创建一个开放多元、以“生”为本、自然和谐且具有时空延展性的思想政治理论课非制度空间文化。当前部分高校已经开始着手这项工作，比如根据我国社会主义生态文明建设目标来设置教学计划和方案，以生态世界观、价值观、伦理观、法治观等作为教学内容，以生态文化理念来创新教学方法和手段，加强学生主体生态活动和行为的践行力度，不断提高学生群体的生态危机意识以及生态文明素养。

第三节　高校思想政治理论课教学空间的困境分析

自中国共产党建党到新中国的成立，从改革开放伟大举措的实施到新时代中国特色社会主义的建设，伴随着社会的发展与科技的进步，高校思想政治理论课教学空间在不同的空间维度逐渐形成了课堂、学科、现实、虚拟、制度和非制度六个教学空间子系统，虽然发展程度各有差异，但总体看来在相应的空间场域都取得了一定的进步。然而，空间化视角的思政课教学发展尚才起步，各思政课教学空间子系统还面临着不同的困境，要想进一步科学化、系统化地优化思想政治理论课教学空间，需先明确当前的空间制约因素。

一　理论支撑仍需强化

在课堂与学科空间领域，本次问卷相关的调查议题有“您认为目前影响思想政治理论课教学实效性的最主要因素为”，其反馈结果如表6－10所示：

表6－10　　影响思政课教学实效性因素的认知情况

选项	小计	比例
教师主体，包括学术水平、授课技巧等	554	37.31%
学生主体，包括学习态度、学习能力等	609	41.01%
教学内容	145	9.76%
教学方法	134	9.02%
教学载体	43	2.9%

“如果要优化思想政治理论课教学空间，您认为应优先发展哪一方面”，其反馈结果如表6－11所示：

表6－11　　思政课教学空间优化因素选择

选项	小计	比例
提升教师个人能力，增强授课学理性	247	16.63%
提高学生的主体性，强化师生互动	541	36.43%
拓展教学内容，丰富授课素材	368	24.78%
运用信息化手段，发展信息化教学	111	7.47%
推动项目式教学，创新教学方式	218	14.68%

“目前思想政治理论课程体系的建设应聚焦于哪个方面，更有利于学科发展？”其反馈结果如表6－12所示：

表 6－12　　　　思政课学科发展方向选择

选项	小计	比例
进一步完善已有学科体系的建设	376	25.32%
积极借鉴其他学科的研究成果	257	17.31%
着力解决学科发展和实践探索中的新问题	852	57.37%

以上诸表反映出在当前的课堂和学科子空间系统中，78%的在校生被调查者认为学生主体和教师主体是影响思想政治理论课教学实效性的最主要因素，且如果要优化思想政治理论课教学空间，提高学生的主体性以及强化师生互动是当务之急；在思想政治理论课程体系方面，超过半数以上的在校生受访者认为应先着力解决学科发展和实际探索中的新问题才更有利于学科的发展。

反馈结果契合了当前思想政治理论课课堂与学科空间领域当中最主要的几个问题：教师主导性发挥不够，学生主体性发挥不强，实践教学力度不大，经过仔细分析，出现这些问题的原因主要源于这样几个方面：一是高校思政课教师队伍水平有待提高。当前青年教师是思政课教学的主力军，青年教师在教学过程中体现出教学责任意识、育人意识不足，教育学和其他学科人文知识储备不够，在教学计划、内容和方法上还有待优化，教学互动和教学实践欠佳。当然，这些问题的出现跟教师自身和外部环境都有关系。对教师自身而言，部分教师的自主教学意识不强，对教学工作的积极性和投入度不足，这可能也与高校重科研轻教学的政策制度有一定关联，除了对马克思主义相关理论的掌握以外，不少教师不具有系统的教育学、心理学以及其他学科的知识储备，教学实践活动的开展频次少、不系统，与理论教学难以形成有效衔接，同时教学任务的繁重也制约了教学学术研究的开展，难以形成对思政课教学的有效支撑。就教师以外的其他要素而言，学校对于教学工作的重视程度、教师的聘任和激励制度，以及教师的发展与培训机制等都是影响教师教学活动有效开展的重要因素。二是未能处理好思想政治理论课程建设与学科建设的关系。在不少高校存在思政课课程教学与学科建设失衡的问题，这是因为学科建设多是将科研成果，比如学术论著、科研项目、荣誉奖项和人才引进等容易量化的要素纳入考评体系，而思想政治理论课教学效果难以量化，在职称评定时所占比重低，甚至只能作为最低完成指标来考量，致使教师的教学热情不高，或者有的高校教师队伍规模不足，每位教师的教学任务十分繁重，也难有余力来进行科研从而推动学科的建设。另一方面，近年来不少高校将学术研究与当前社会的重大需求相结合，在项目进行的过程中与很多学科都有交叉渗透，具有学术前瞻性和系统指导性，然而相关学术成果似乎并未普及到一线教学的所有教师群体中，没有在学科建设的同时将系统的知识体系和重难点问题的解决方案有效融入思政课教学之中，难以形成课程教学与学科发展的相互支撑。究其原因，还是与当前的思想政治理论课教学空间与学科空间子系统仍然处于发展当中有关。尽管国家对于思想政治教育工作和思想政治理论课教学十分重视，但囿于相关条件和资源的限制，部分高校至今仍然未能建立起思想政治理论课教学科研二级机构，而是将其归属于其他学院或者教育中心名下，学科点设立也相对较少，学科研究方向的设定主要基于学校或学院当前的师资结构而定，而不是按照学科发展的合理性创建，教师数量不足、规模不大，且学历层次和学科背景参差不齐，教师队伍专业化程度不足，教师的考核评价体系以及职称评聘体系尚不够科学，教学科研经费偏低等都是当前思想政治理论课课堂与学科空间发展所面临的瓶颈要素。

二　实践模式尚待创新

在实践和虚拟空间领域，本次调查问卷的相关议题有，“就您所在高校开设的思政课实践教学而言，以下哪种因素对其实施效果影响最大？”其反馈结果如表 6 - 13 所示：

表 6－13　　影响思政课实践教学实施效果的因素分析

选项	小计	比例
实践教学与理论教学存在脱节现象	300	20.2%
教师主体要素	223	15.02%
学生主体要素	375	25.25%
实践项目种类单一，活动空间有限	334	22.49%
相关配套措施不完善，可利用资源较少	253	17.04%

"如果要提升思政课实践教学效果，您认为当前最有效的措施是"，反馈结果如表 6－14 所示：

表 6－14　　思政课实践教学效果最优化措施选择

选项	小计	比例
科学设计实践教学，与理论教学相互支持	503	33.87%
提高教师的参与度，发挥引导作用	154	10.37%
发挥学生的主体性，鼓励自我教育、自我监管	456	30.71%
丰富实践项目，完善配套资源	372	25.05%

"下列要素中最能促使您主动选择相关在线项目或学习方式的是"，其反馈结果如表 6－15 所示：

表 6－15　　在线学习方式的动因选择

选项	小计	比例
友好的操作界面和用户体验	286	19.26%
比现实教学空间之中更多的互动交往	300	20.2%
能更有效地理解和掌握相关理论知识点	477	32.12%

续表

选项	小计	比例
可一定程度地解决当前所面临的实际问题	422	28.42%

通过以上图表不难发现，受访的在校大学生认为当前的思想政治理论课的实践教学中的学生主体自身情况是影响教学效果的最大因素，其次是实践项目的种类设置和活动空间，而教师主体要素反而对思政课实践教学影响最小。如果要提升思政课实践教学效果，受访者认为首先要重视对于实践教学的科学设计，与理论教学相互支持，其次要发挥学生的主体性，鼓励自我教育和自我监管。再者，“能更加有效地理解和掌握相关理论知识点”与“可一定程度地解决当前所面临的实际问题”是被调查在校大学生认为是最能调动其学习主动性的因素。换言之，在当前现实与虚拟子空间建设中，高校大学生本身的实践参与度以及线上线下项目设置的科学性、有效性是这两个教学空间子系统建设所面临的主要问题。

通过之前的问卷反馈我们已经发现，当前不少高校已经开展了不同程度的思政课实践教学以及网络在线教学，但只有20%到30%左右的受访大学生群体认为实践教学与理论教授能够互相呼应，以及线上教学频率较高，另有20%左右的在校生至今还没有在线进行思想政治理论课学习的经历。深入分析当前实践与虚拟空间的教学现状，其原因有如下几点。一是当前的思想政治理论课实践项目设计仍不太科学，其议题设置没有与当前思政课教学和学科空间同步进行，致使实践与理论仍存在异步与脱节现象，同时在项目的设置中没有以学生群体的需求为根本旨归，还是较多地考虑到教师的可操作性和资源环境的可利用性，导致学生群体的知识需求和现实需求都得不到满足，难以调动其参与实践活动的积极性和自发性。二是在将线上教学引入线下教学的空间过程中，教师主体还不完全具备这种混合式教学模式所需的媒介素养与信息技能，在实践过程中由于对学生的学情分析不到位，难以针对性地灵活安排实践活动，加上线上教学平台的构建需要耗费大量的时间和精力，部分教师不具备这方面的能力和素养，难以做到真正的教学互通。此外，在混合式的学习模式下，学生需要课前在线上平台自主学习相应课程，而不少学生还没有养成自我监督和自我教育的线上学习习惯，难以真正地了解和掌握学习内容，在线下的教学实践操作和讨论当中不能形成有效的互动参与，从而限制了主体性的发挥。三是当前的网络空间教学还存在不少局限和挑战，比如在网络教学之中，人机互动取代了人际互动，学生对于技术终端的依赖有所增加而减少了社会生活的实际体验，过多的人机交流会阻碍个体的心理健康发展。此外，目前不少主题网站和线上平台的设计形式与风格单一，内容更新缓慢且没有针对性，无法与学生的实际需求相联系，且不少高校还难以提供线上教学所需要数量庞大的终端设备。网络教学使用的频率也是一个需要谨慎把握的要素，如果使用不当或者过于频繁，也会造成教师权威性的下降以及认同度的降低，甚至导致教学现场的“空场”现象。四是一些线上课程建设还存在问题。以慕课为例，目前关于思想政治理论课的慕课数量与其他学科的慕课数量相比总体是偏少的，而且每门具体课程的慕课发展也存在不均衡现象，大多数的思政课慕课多是以 SPOC 形式开展，适用于校内，限制了校外和其他想学习思政课慕课人群的加入。就当前所开设的慕课而言，由于各高校的教师队伍水平、慕课制作水平和资金等可利用资源的系列要素情况各不相同，导致慕课质量参差不齐，慕课教学与线下内容教学衔接不足，整体教学实际缺乏系统性，慕课的应用缺乏灵活性，而学生在慕课学习的过程中感受不到浓厚的学习氛围，常常遭遇到网络不畅等技术性的学习障碍，碰到疑惑和难题时难以在第一时间获得教师的指导与解答，这也是因为当前许多高校还不具备一支稳定的日常教学辅助队伍来指导学生的日常在线学习，也未能对其学习动态进行跟踪与反馈。

三　空间资源尚需整合

广义的思想政治理论课教学空间是一个囊括了教学、学科、现实、虚拟、制度和非制度子系统的资源集合体，尤其是建设与优化制度空间和非制度空间子系统更是需要灵活、系统、科学地安排与协调系统内外的各类要素，使其最终以思想政治理论课教学空间的整体优化与拓展为价值指向。在本次问卷调查之中，相关的调查议题有，“当前哪种策略可以为思政课教学提供更有效的制度保障呢?”其反馈结果如表6－16所示：

表6－16　　思政课制度保障的最优选择比较

选项	小计	比例
完善思想政治教育学科的制度结构	472	31.78%
学校制度向思政课教学进一步倾斜	348	23.43%
深入研究国家相关制度文件，寻求教学与制度之间的均衡	665	44.78%

以及“您认为思政课教学非制度空间应朝哪个方向更加优化?”见表6－17：

表6－17　　思政课非制度空间的优化方向选择

选项	小计	比例
赋予主体更加个性化的成长空间	305	20.54%
更关注思政课内部空间要素的互动与转化	466	31.38%
加大思政课外部空间的开放性与交流性	714	48.08%

从问卷调查中也反映出接近半数的在校生受访者都认为要寻求教

学制度空间的优化和保障，以及与外部制度空间的均衡发展，同样要拓展思想政治理论课教学的非制度空间，着力于与思政课外部空间的开放与交流。一言以蔽之，制度空间与非制度空间的优化应更有赖于空间内外要素在物质、能量、信息方面的有效交换与协调。

在当前的高校思想政治理论课教学空间的制度子系统与非制度子系统建设中，面临着如下方面的现实困境。一是思想政治教育相关学术、学科与工作制度建设不足。首先思想政治教育相关学术建制与规范制度尚不完善，在近几十年的学科化建设过程中，思想政治教育学术制度形成了以马克思主义理论为主干，交叉渗透了教育学、社会学、心理学、管理学等多学科在内的学科制度体系，但同时思想政治教育学术制度体系核心框架发展缓慢，对于学科内部的诸多元问题的学术探讨停滞不前，在具体的实践过程中，许多高校的思想政治教育学术制度政策尚未形成法律层面的效应，执行力薄弱。其次学科管理、专业建设和课程制度等方面的建设仍需优化，由于高校内部思想政治教育工作机制中，存在着条块职能分工，学校在制定相关发展规划时，虽然将思想政治教育教学工作提上了重要的议事日程，但是由于体制缘故，导致在具体的学科发展、队伍建设与职称评定等方面未能切实贯彻学校的相关规定，同时由于每个高校有自身发展的特殊性，所以在思想政治教育专业与课程制度建设中，思想政治理论课程的资源与配额也时常被其他科目所挤占。再者高校的思想政治教育工作制度执行不严，目前不少高校存在这样一个现象，领导和专业教师重视，行政与非专业人员漠视，高校内部许多职能机构将思想政治工作简单化、形式化，而制度本身的价值就体现在其执行过程中的规范力和引导力上，但是由于高校内部各部门各层级对于思想政治工作制度的执行力度不一，制度建设不均衡，难以最终为思想政治教育教学提供真正的制度保障。二是难以有效协调和利用思政课制度空间内的要素。思想政治理论课的制度建设需要内部诸多因素的合力共鸣，否则制度的效用就会受限，譬如主体要素的协调，当前大力提倡的“课程思政”就旨在最大范围地协调调动制度体系内的所有要素来达到全员育人的目的，将思想政治教育贯穿教育教学全过程。对于专业教师而言，其教学过程尚没有将课前、课中、课后有机联系起来，没有做到在真正分析学情的前提下以学生群体的实际需求为教学计划的中心，而这需要辅导员等高校工作队伍的全力支持；对辅导员群体而言，其主要时间与精力被大量的事务性工作所占据，比如班级管理、班风建设、奖助贷补以及就业指导等，难以与专业教师一起对思想政治理论课教学空间的建设形成协同育人效应，加上专业教师与辅导员队伍在个人能力、理论素养和专业技能方面不一定与课程思政的要求相匹配，容易形成学工、教学“两张皮”的现象。另外，在资源的开发和利用上也需要改进，比如不少思政课专业教师更加重视对于潜在教学资源的开发，而容易忽略对已有思政课教学资源的二次开发与挖掘，未能充分发挥其教学效能；同时重视对于时事热点、网络资源和教学案例的开发，而忽略对于本地资源的利用，殊不知高校的社会功能之一就是为地方社会服务，对于本地资源的利用不可忽略；此外，在教学资源的开发方法上，多采用传统的理论学习和实践调查，难以有所创新，并且在开发手段上多依靠自身开发与网络查找，很少与团队合作研发，而缺少交流与反思也一定程度上降低了资源开放的力度和效度。三是思想政治理论课教学的评价体系尚不健全。当前思想政治理论课的质量评价体系与其他科目课程的评价体系并没有质的区别，其他专业课程的教学目标在于通过学生学习获得未来在社会上生存和发展的基本技能与知识，其质量评价体系可以量化、实化，然而思想政治理论课程的特殊性在于除了帮助学生获取真理性知识以外，更要形成正确的世界观、人生观、价值观，而理想信念是难以用量化指标来衡量的，因为观念的发展具有长期性、延时性、内隐性等特征，显然当前的思政课教学质量评价体系没有对此加以区分，其量表化的权重与赋值机械地将思政课教学过程划分成不科学不合理的条块，违背了思政课教学的本质，也降低了思政课教师的教学积极性与创造性。究其原因，不少高校没有设立常规化、专业化的教学质量评估机构，或挂靠在其他相关职能部门之下，或仅为临时的质量评估机关，同时参与质量评估的主体成员多元化程度不足，多为教育行政主管部门和高校自身，用人单位、家长群体和学生群体的参与度仍显不够，思政课教学评估体系的科学化、系统化难以保证。四是思想政治理论课非制度空间建设滞后。思想政治理论课教学非制度空间的构建就是要以生态化思维的方式，运用生态学的思维和方法来整合教学空间的资源要素，优化教学环境，形成一种以人为本的均衡式、互动式、开放式、协调式的教学发展模式。而当前的思想政治理论课非制度空间建设相比其他空间而言更加滞后，其中不乏一些非生态化的现象出现，例如在一个生态系统之内，相应物种都有各自对应的生态位置和相对关系，在思想政治理论课教学非制度空间之内，教师群体与学生群体也有各自的生态位，而目前思政课教学空间并非完全以满足学生的实际需求为教学旨归，存在学生群体的生态位被教师群体生态位挤占或者覆盖的现象，导致思政课非制度空间关系存在一定程度上的不协调、不均衡。分析这种现象出现的原因，首先，长期以来，思想政治理论课教学重视个体的社会化培养，工具理性和价值理性思维影响了教育目标的制定，而个体的自然属性被忽略，其作为一个生命体在相应的生态系统之中的心理感受、情绪体验等未受到关注，必然导致学生主体无法主动参与到生态系统之中，更无法与其他要素进行能量交换。其次，缺乏生态理念与家园意识的真正融入。在关于思想政治理论课教学的相关制度政策文件之中还未将生态教育纳入意见指导范围，整个社会的生态文明意识还不强，我国的生态文明建设也还尚处在建设阶段，社会大生态环境与统一指导意见的缺乏也在很大程度上影响了思想政治理论课教学空间生态子系统的建设。

第七章

高校思想政治理论课教学空间的优化拓展

优化，意指通过改变或者选择使其更加优良；拓展，强调在原有的基础上增加新的东西，重点在于质量而非数量的变化。高校思想政治理论课教学空间的优化拓展即是在本研究的理论框架之下，基于科学、系统的空间思维理念，运用各种方式，协调思想政治理论课课堂空间、学科空间、现实空间、虚拟空间、制度空间、非制度空间所囊括的各类要素，从空间的层次性、运作的协作性以及管理的有效性等方面使思想政治理论课教学空间六个子系统的功能更加优良，既能够协调思想政治理论课教学空间内部各系统，也能够与整个社会空间互建互融、相互促进，使得现有的相对零散、非系统的思想政治理论课教学场域逐步呈现出科学、有序、开放、优化的空间新样态。

第一节　夯实高校思想政治理论课课堂空间

优化拓展高校思想政治理论课课堂空间的根本目的和出发点在于以更科学的方法促进思政课课堂空间的有序化、高效化与和谐化。就思想政治理论课教学现状而言，协调运行空间的教学要素以及优化教学空间的拓扑结构应是题中之义。

一　协调运行教学要素

首先应具备整体协调空间要素的理念。从某种意义上而言，思想政治理论课课堂空间要素的协调运行就是对其空间要素的管理，但其管理的重点不在于教学对象，而更应强调空间自身的管理，即借助科学的管理思想和方法，对思想政治理论课课堂空间要素进行系统、科学的规划、安排与设计，通过合理利用课堂空间资源来提升课堂空间的吸引力与生产力，更好地发挥思政课课堂空间引导主体塑造思想道德的功能。思政课课堂空间教学要素的协调运行是根据该空间发展的要求，将空间要素进行点、线、面、空间层面上的安排与设计，使思想政治理论课课堂空间按教育规律进行系统化的管理，突出课堂空间教学的整体性、协调性与科学性，通过对于空间资源的有效配置，促进思政课课堂空间的有序、健康发展。实现思想政治理论课课堂空间教学资源的协调与运行，实施主体应具备一定程度的管理学知识，运用计划、组织、控制、决策等一系列手段对整个课堂空间内部、要素之间以及要素与空间之间所有可利用资源进行最佳整合，最终实现空间整体的高效有序发展，以及课堂空间与其他空间子系统的和谐沟通，空间内部各要素的稳定发展。进行思想政治理论课课堂空间协调管理，能够在一定程度上节省空间资源和成本，减少空间内耗，从而优化课堂空间教学环境以及提高教学实效。需要注意的是，在进行思想政治理论课课堂空间要素的协调、管理与运行时，一定要注意过程控制，在遵循教学准则和规律的基础上，借助信息技术手段，建立科学动态的空间要素协调运行反馈与调节机制，保持思想政治理论课课堂空间在此过程中的方向性、有序性、系统性与开放性。

其次应开发并整合思政课课堂空间资源。教学要素的协调运行离不开对于空间资源的开发与运用。一是要提高思政课教师的资源开发意识，无论是祖国大好河山、深厚的历史底蕴，还是丰富的红色精神，优秀的时代人物等都可以作为思政课课堂空间的教学资源，当然其中的某些价值是潜在的，需要教师将其价值开发出来，生动地融入教学环节之中。同时，教师群体应该意识到对于课堂空间教学资源的开发是整个教学活动的重要组成部分，正是对教学资源的恰当选取，才能使思政课课堂教学内容形象化、生动化、具体化，使受教育者产生信息的共享和情感的共鸣，更加有利于课堂教学目标的达成。而在资源挖掘、开发和利用的过程中，教师通过与一系列相关要素的接触与交往，对于教学计划的设置、教育对象的状况以及教学内容的把握等方面都可以有更加深刻的认知，这对于提高教师的研究、实践和反思能力都十分有帮助，也可以提升其专业化水平。二是在对课堂空间资源的开发与选取上，应坚持灵活性与多元性，尤其是地方资源和学生资源。在对课堂空间资源的利用上，地方资源常常被忽略，而高校所处的区域往往具有相当丰富的独具地方特色的历史文化资源，包括物质文化资源和精神文化资源。高校教师应该深入了解自身高校所处地方的历史文化资源，因为它反映了每个地区的地域特征和文化风貌，包括历史、人物、风俗等，这些都与身处其中的当地大学生群体的生活息息相关，构成其生活和学习主要社会场域。教师在选取教学资源时，可以挖掘与学生日常生活相关的、具体的、亲切的教学材料融入课堂教学，以此来激发受教育者的参与积极性。以四川省为例，拥有三苏祠、武侯祠、杜甫草堂、大禹故里、朱德故居、邓小平故居等璀璨厚重的名人文化，有红军长征、保路运动等催人奋进的革命文化，还有不少独具特色的人文历史文化资源，例如三国文化、佛道教文化、茶文化、酒文化、川剧文化、川菜文化等，以及丰富的长江旅游线、香格里拉旅游线、三国旅游线汇聚而成的旅游文化资源，是极具特色且极为丰富的地方历史文化资源，根据不同资源的类型和特点，教师可以采取课堂展示与讨论、社会考察与实践以及虚拟仿真课堂等形式开展灵活多样的课堂空间教学。

再次，应加强课堂空间内教育者主体要素建设。在空间思维和要素协调的理念指导之下，在思想政治理论课教学的课堂空间内部，教育者主体应该至少包含三个部分：思想政治理论课教师、其他专业课程的广大教师及高校进行思想政治教育的工作者、管理者与领导者，当然思想政治理论课教师是进行思想政治教育的主力军，但其他专业课程的教师也同样肩负着教书育人的使命和责任，高校思政教育的相关工作人员和领导管理层对于教育方向的把控以及教育政策的落实也责无旁贷。就思想政治理论课课堂空间而言，首要任务是加强和优化思想政治理论课教师队伍建设，尽量培养出一岗双能的师资力量，即既能够有效组织起思想政治理论课课堂空间，取得良好的思想政治理论课教学实效，同时也能够在课堂空间之内同步进行思想政治教育和引导工作。具体到教师队伍建设的细节上，应该严把教师入口关，虽然现在不少高校存在思想政治理论课教师队伍缺编的情况，但是为了更好地营造思政课教学空间，在遴选和引进人才时还是要从政治素养、个人素养以及教学能力等多方面进行综合考量；同时，可以在高校内部设立相应的表彰和激励机制，比如以学期或学年为单位对教学能手和科研能手进行表彰，在起到激励和示范作用之时也可以促进教学与科研的齐头并进、双管齐下，有利于促进高校培养出优秀的思政课教学名师，当然在此过程中需要注意适当增加面向思想政治理论课教师的教改与科研项目，以及适当减轻过于繁重的教学任务，有利的政策制度环境能够为思政课课堂空间教师队伍的建设提供方向指引与制度保障；此外，有条件的高校还可以根据自身的实际情况，定期邀请相关的专家学者与党政领导以及先进人物开展专题讲座，甚至聘请其为思政课兼职教师，但是要注意聘任制度的严格化，防止职务虚设，尽可能最大效度地整合与利用各类资源。

此外，在协调思想政治理论课课堂空间教学要素的过程中，还要注重课堂教学要素与日常思想政治教育空间要素的有机融合。事实上，思想政治理论课教学与日常思想政治教育的价值指向在根本上是一致的，不论是马克思主义理论的学习与引导还是各种类型的日常教育活动的开展与熏陶，都是为了培养社会主义的接班人与建设者。但当前由于学校职能的归属与划分，教务部门主管思想政治理论课教学，而日常思想政治教育属于相关管理部门负责，致使思想政治理论课课堂空间与日常思想政治教育空间处于相对隔离的状态，物质、信息与能量的交换不畅。显然当前这种相对分离的状态不利于思政课教学要素的协调运行，尤其是日常思想政治教育通常由辅导员、党团干部等在课下开展，具有很强的实践性与感染力，而这正是思政课课堂空间所需要的，反之，思政课教师的理论素养能够为日常教育教学实践提供学理性的解释与支撑，将二者结合起来，进一步促进课堂空间教学资源的流动与运用。因而，应当加强思政课教学空间与日常思想政治教育空间的互联互通，比如一起制定相关的教育教学目标、进行实践互动，将二者融入各自的考评体系，协同开发空间教育教学资源，将课堂教学成果与日常教育成效互相转换、互为支撑，有效提升学生在课堂空间之内的知识内化效度。

二　优化教学拓扑结构

网络拓扑结构主要是指通过网络把计算机等各种终端设备连接起来的一种物理布局，并将各站点的连接方式抽象为不同的几何形状，常见的有总线形、星形、环形、树形、网状形等拓扑结构。通过分析网络拓扑结构，可以从抽象逻辑的角度来分析终端设备、网络设备以及传输媒介等构成的点线关系，根据实际情况进行有效的结构设计、控制以及连接形式的选取，从而整体上促进当前网络系统运行效果。思想政治理论课课堂空间俨然就是一个包含众多教学要素的空间网络，无论是课堂教学、实践教学、网络教学的整体布局，还是教学主体、教学内容、教学方法和教学载体的合理安排，拓扑结构的逻辑分析都能够在一定程度上对促进思想政治理论课课堂空间的有效运行提供借鉴。

从整体布局来看，当前的思想政治理论课课堂空间正在力求改革，所以部分高校开始在课堂教学空间设计中融入实践教学与网络教学，再加之翻转课堂与混合式教学模式的出现，如何科学、合理地安排思想政治理论课课堂空间教学计划是一个值得深思的问题。就课堂教学来说，可以加强问题的导入和小组的互动讨论，另外教师在过程中作相应的点评以及最后的总结；在实践教学方面，教师可以与学生共同设计实践主题，由学生团体共同实施，最后进行相应的成果展示与评价考核；在网络教学方面，学生可以先进行线上自主学习，随后进行网络的师生互动教学，最后辅之以相关的网络测试与评价考核。从增强学生的主体性角度而言，在高校学生具备了一定的媒介素养和思想政治知识积累的前提下，可以考虑采取环形拓扑结构将三者按照网络教学—课堂教学—实践教学的顺序有机协调起来，即先学后教再实践。所谓环形拓扑结构，即在环形的网络通信线路中设置相应节点与接口连接，数据通过环路上的任何节点都可以发送信息，环路中的信息可以单向或者双向传输。网络、课堂与实践教学是整个教学空间的三大板块，三者互相联系形成一个有机网络。在单向传输时，学生先通过网络教学自主学习，随后参与课堂教学的学习与讨论，最后再通过实践教学来进一步促进相关知识要点的吸收与内化；若这三者之中的任意一个环节出现问题，可以实行双向传输，即返回到前一个教学环节中继续学习，直到符合当前环节的考核和评估，继续进入下一个环节的学习当中。从具体的教学要素看来，在不同的教学情境和场域当中的优化与选取也是需要考量的一个命题。以教学方法为例，理论讲授、案例教学、讨论式教学、研究式教学、体验式教学、暗示教学、心理疏导、新媒体教学等都是在思想政治理论课课堂空间内经常使用的教学方法与手段，但各自适用情况有所差异。例如总线型拓扑结构简单，所需设备少，共享能力强，便于扩充，适用于课堂空间中的讲授说理、心理疏导等教学方法；星形拓扑结构是组网式布局，便于管理和控制，但需要中央节点有一定的信息负载能力，适用于需要教师指导和调控的讨论式、研究式教学方法；而案例式、体验式和新媒体式教学方法则适用于需要更多师生互动、信息互享，以及在过程之中可反馈和调整的环形拓扑结构。当然，在具体的课堂空间规划与安排中，可根据实际情况灵活使用一种或多种拓扑结构形式辅助课堂教学。

第二节　拓展高校思想政治理论课学科空间

教育需要有信仰，对高校思想政治理论课教学空间而言，对于教育的信仰首先就是对思想政治教育的学科自觉，即思想政治理论课教学空间除了基本的课堂空间子系统外，学科空间意识的深化以及空间样态的优化也是整个思政课教学空间协调发展的表现之一，应着力深化相关学科的交流、延展相关学科的发展路径。

一　促进学科规范建设

目前，我国高校当中有一部分至今还未设有马克思主义理论学科点，对于这部分高等院校来说，最主要的任务就是通过各种渠道来规范建设马克思主义理论学科，努力培养学科意识。一是可以主动向其他高校，尤其是拥有重点或示范马克思主义学院的兄弟院校“取经”，借鉴其学科建设与发展的经验，与实力较强的马院实行联合人才培养计划，为学科点的筹备奠定基础；应增大对科研和学术交流的支持力度，为思想政治理论课教师提供更多的科研项目申请机会以及参与高水平、规范化学术交流的机会，鼓励定期化、常规化的专题报告与学术交流等形式来交流科研心得，提高学术水平；在与其他高水平马院合作时，可以合作搭建一批高质量的马克思主义学科研究平台，汇聚科研资源，打造研究团队，争取通过平台建设契机，形成一批有价值、有深度的研究成果，提高学科影响力。二是可以聘请马克思主义理论学科专家把关，定期邀请知名专家来校讲学以及开展学科建设指导，建立具有马克思主义学科特色的考评制度，在已有的学科建设基础上进一步科学规划学科发展方向，可以根据本校的思想政治理论课教师的学科背景来进行学术定向，将其向马克思主义理论学科当前发展的主要方向引导，同时根据对于学科建设的贡献度来设立考核指标，对于申报马克思主义理论学科方向职称的教师予以有限考虑，对于在马克思主义学科相关方向上做出突出贡献的教师给予重要奖励。同时，应该根据本校情况，积极培育相应的特色项目，努力创建更好的科研环境与条件，增加对于学科范围内的省部级以上项目的资助力度，为马克思主义学科的建设提供有效的学术支持。三是注重培养学科人才体系，整合校内与思想政治教育教学有关的人才资源。对于尚没有马克思主义理论学科点的高校来说，教师队伍建设也是当务之急，应该充分挖掘和利用校内相关的人才资源，包括思政课教师、辅导员和党政工作者，最大限度地发挥各自在建设马克思主义理论学科当中的作用与功能，制定人才引进计划以及骨干教师培养计划，对有发展潜力的教师予以重点支持；还要明确学科组建的任务落实，建设有学科带头人的学科组建模式，提高学科组建团队的号召力与凝聚力，鼓励优秀教师多参与国内外的学术交流与研修活动，采取校内培养、校外引进、学科合作等多维度人才队伍建设模式。

对已设有马克思主义理论学科点的高等院校来说，促进学科的规范建设需要注意把握以下两个维度。一是深化理解学科建设对于思想政治理论课程发展的价值与意义。思想政治理论课是党和国家进行思想政治教育的主渠道，是传播社会主义价值理念的主要阵地，是每位高校大学生的必修课程。从思想政治理论课的发展历程不难看出，党中央和教育部及相关部委通过下发一系列政策文件来提高高校乃至全社会对于思想政治理论课程重要性的认识，学科的规范建设正是将国家政策落实为课程保障的重要环节和支撑力量。虽然思想政治理论课在培养学生的思想道德修养和综合素质方面起着十分重要的作用，但是高校作为一个拥有众多学科的教学科研单位，思想政治理论课程的基础性课程教学的定位使其常常在高校中处于被动和从属的地位，然而在学科规范建设完成后，不但可以继续承担相关的课程教学任务，还能够为思政课教学提供专业发展保障以及教学的自主性，进一步提升教学单位的地位与影响。此外，在学科还未规范发展之前，思想政治理论课教学主要是根据教学大纲来进行知识讲授，也多限于学生的理解和接受层面上，容易形成模式化教学或就问题而谈论问题。然而在学科规范建设与发展意识之下，教师要在思想政治理论课程的讲授上在一个更加开阔的思维平台和空间中展开，因为学科建设是从一个更为整体化、系统化的知识结构来探讨课程的建设与规划，将各类教学要点与问题通过学科体系化的内在联系进行探讨与解决，对受教育者的视野和知识结构的拓展十分有益，同时反过来也可能提升教师的理论体系、教学思维。再有，学科的规范建设还能为培养思想政治理论课教师队伍提供支撑。学科建设不仅仅能为教师的课程教授给予系统化、拓展式的学科支撑，也可以为教师队伍的整体建设提供空间。不同高校可以根据自身的学科背景在进行教师队伍建设时有所侧重，对于学科背景深厚以及马克思主义学院设立历史悠久的高校而言，可以利用自身优势将人才建设的重点放在出成果出人才方面，将马克思主义学科点作为队伍建设与人才培养基地，重点推出学科带头人和学术领军人物；对于学科背景相对薄弱以及马克思主义学院建立历史相对较短的高校而言，应该重视营造整个教师队伍中团结奋进、互帮互助的空间氛围，将本校乃至国家对于教师培训、激励以及人才扶持的各类政策制度落实到位，为教师队伍的发展壮大提供养分深厚的土壤；针对一些正在谋求转型的高等院校而言，在重视队伍建设的同时可以结合学科发展的特色与实际情况从空间发展思维角度进行队伍管理机制创新，或者从生态发展的视角来探索教师队伍的可持续发展以及内生动力的激发。

二　延展学科发展路径

高校不论是否设有马克思主义理论学科点，都应该多维度、多层次地拓展思想政治理论课学科空间场域，从各方面延展学科发展路径。第一，积极借鉴其他学科的研究成果。每一个学科的发展虽有其独特的学科体系与学科精神，但是随着社会分工的细分和科学技术的进步，学科之间的界限变得模糊，学科之间的交叉渗透日益凸显，事实上，多学科之间进行相互学习与借鉴是社会发展的必然趋势，也是人类认知能力提升的表现。对于新时代的思想政治教育学科以及马克思主义理论学科建设而言，在遵循自身学科理论体系和规律的基础上，一定程度地吸收和借鉴相关人文与社会学科领域的优秀成果和建设经验，可进一步优化当前思想政治教育学科和马克思主义理论学科的空间布局，从而加强思想政治理论课的学科空间建设。第二，要深化对马克思主义理论学科内涵的认知与把握。无论是马克思主义理论一级学科还是思想政治教育二级学科，其一切教学活动、环节的设计都应该根据学科属性来进行，始终坚持立德树人的质量观，在此前提下深刻把握学科建设的整体规定性，当前诸多社会现象错综复杂，涉及经济、文化、社会、生态、制度等各个方面，如果缺乏对于马克思主义理论的整体把握，就难以从整体性、系统化的角度来分析和解决问题，那么学科建设的方向也就会有所偏离。此外，应该进一步强化对于马克思主义经典原理的领悟和创造性运用。目前，思想政治理论课学科空间建设遭遇瓶颈的原因之一就是学理性支撑不足，不少教师对于马克思主义所蕴含的基本规律，如世界发展规律、人类社会发展规律以及人的全面发展规律把握不深，对于矛盾观、群众观、实践观等领悟不够，难以将其灵活运用到课堂教学和学术研究当中，缺乏对生产关系、文化建设、社会建设、人与自然的关系、政党建设思想的了解与掌握，而这些都是新时代思想政治理论课学科空间建设的根本内涵与理念。第三，学科建设应强化与思想政治理论课教学的价值共享。对于思想政治理论课课堂空间而言，其学科空间的建设有助于课堂空间的优化，二者相辅相成。学科建设使得思想政治理论课教学单位具有相对独立的学科领域，具有更多的自主性与独特性，提升了思政课教学单位在学校的地位，同时由于学科是一种体系化的知识结构，从这个角度来考量思想政治理论课课程建设，可以为思政课教师群体提供更为广阔的学科视野和平台，提升教学水平，此外以学科为单位还可以获取更多的思政课建设的资金支持以及老中青合理配比的思政课教师队伍。因而，应该妥善处理学科空间与课堂空间的关系，在拓展学科空间的过程中应更加注重与课堂空间在结构与功能上的互补关系，在自身发展的同时为课堂空间提供更加有力的基础与依托；拓展学科空间还需要处理好学科发展与课堂教学以及科学研究的关系，学科建设应当为其他两者的发展起到带动作用，从不同层面来推进课程教学以及科学研究，为课程教学中出现的热点及难点问题提供处理规程和平台，为思想政治理论课教学活动的开展提供有效的组织与管理，为思政课教学队伍的构建提供学科化的视野等。然而，在此过程中需要注意学科建设与课程教学二者的关系，因为学科建设与思政课教学之间不仅正向促进，还反向制约，其原因在于学科建设往往需要较长时间的积累和大量人力物力资源的投入，具有学科自身的工作范围与领域，而科研任务会一定程度甚至较大幅度地使思政课教师将自身精力投入到学科建设中去，这自然就会影响到课程教学的资源分配与质量发展。因此，在处理学科建设和课程教学的问题上，需要考虑到这样几个方面的问题。首先，思想政治理论课教学需要基于相应的学科背景，思想政治理论课虽然是一门公共基础课，但它并不是由单一的课程组成，而是涵盖了马克思主义基本原理、马克思主义中国化以及运用马克思主义及其中国化理论来认识和改造世界等一系列的内容，由此构成一个内容互补、互相联系的学科体系，因此思想政治理论课程以学科建设作为主要依托和课程定位不但能为受教育者提供学科整体式、系统化的知识基础，还可以培养其学科化的思维方式，使其知识储备具有基础教育与专业教育相结合的特征，为日后的课程建设提供坚实的支撑，同时也有利于教学单位统筹规划学科发展与课程建设，从而实现课程、学科、学院三者建设与发展的和谐统一。其次，要明确学科建设与课程建设、学院发展之间的关系，虽然这三者是不同层次和维度的概念，但总体而言学科建设在这三者之中处于基础核心地位。对课程建设而言，可以将思想政治理论教学中的重点、难点、热点问题放到学科平台层面来加以探讨和解决，教学问题的处理从原本的问题本身上升到学科背景之下以整体化、联系化的方式来讲授和研究，在此过程之中其教学与科研水平也会得以提高；在师资队伍建设方面，从学科整体建设和要求的角度出发来对思想政治理论课教师队伍进行整合与规划，建立一支结构更加合理、功能更加优化的教学与学术梯队；从组织管理来看，以学科建设为思想政治理论课教学活动规划与开展的依托，可以避免课程教学与学科建设之间在资源分配或者项目协调上的冲突，更加有效地促进二者的协调发展。从学院发展的层面来讲，应该给予学科建设更大的政策倾斜与制度保障，尊重学科发展的自主性和独立性，使其为思想政治理论课程建设提供更加有效的学科支持，但同时，学院内的其他学科也应该自觉为思想政治理论课程建设提供服务，协助完成教学任务，助推受教育者思想道德修养和综合素质的提升。再次，学科建设离不开对思想政治理论课教学空间内外资源的整合。马克思主义理论学科体系之下囊括了多门思想政治理论课程，各门思想政治理论课程都是国家直接设立的，其课程与学科建设需要遵循统一标准，针对不同的教育对象实施课程教学。然而，我国高校种类繁多、层次各异，各高校之间在课程教学、学科建设与学院发展上都存在较大差别，但思想政治理论课程属性决定了其高标准的教学要求，因此提升整体性的思想政治理论课教学实效离不开全国范围内各高校之间的互帮互助。因而，在学科建设方面，可以考虑建立一个综合性的公共资源建设与使用平台，将课程教学与学科建设甚至学院发展的教师资源、课程资源、教学资源以及其他可利用的资源整合起来，无论是主题网站与应用软件、传统与新型媒体还是理论实践基地等方式，都可以为学科发展提供多样化的资源与空间。总之，思政课学科的空间优化需要在借鉴其他学科发展优秀经验和成果的基础上，提倡学科自身的内涵式发展，注重与课程建设以及学院建设的协同并进。

第三节　深化高校思想政治理论课现实空间

“在历史上出现的一切社会关系和国家关系，一切宗教制度和法律制度，一切理论观点，只有理解了每一个与之相应的时代的物质生活条件，并且从这些物质条件中被引申出来的时候，才能理解。”[①] 对于思想政治理论课教学空间的整体优化而言，除了要夯实思想政治理论课课堂空间以及拓展思想政治理论课学科空间之外，也需要扩大建设思想政治理论课现实空间，因为受教育者对于学科理论知识的接受有一个形成与发展的过程，实践活动就是一个将理论以及理论所产生的环境重新链接，并能够引起参与主体共鸣的必不可少的环节。在思想政治理论课教学空间之中，通过各种方式在实体空间与虚拟空间之

① 《马克思恩格斯选集》（第二卷），人民出版社 2012 年版，第 8 页。

中以不同类型不同维度参与教学实践，学生主体可以通过历史的方法、比较的视角、当前的实际来验证马克思主义理论的科学性与适用性，通过生动丰富的空间实践体验与参与来更好地面对和解决学习、生活当中所遇到的疑惑与困难，进一步加深对马克思主义理论的理解与认知，从而更加坚定对中国特色社会主义事业的道路自信与文化自信。因此，扩大思想政治理论课现实空间是与课堂空间与学科空间互为支撑的，也是思想政治理论课整体教学空间协调发展的必然路径。

一 调整实践教学思路

马克思主义认为，实践是人类认识发展的动力，是检验真理的唯一标准，只有在实践中事物的本质才能得以澄明。思想政治理论课教学本身即是一种特殊的社会实践活动，其特殊性体现为其实践对象为大学生群体，实践方式是通过教师的言传身教，其结果旨在培养符合新时代社会主义思想政治素养与道德的人才，无论是教师的教学活动还是学生的学习过程都是在思想政治理论课教学空间之内进行的一种社会实践活动。为此，党中央、国务院下发的一系列相关政策文件都强调，应该积极探索和建立相关的社会实践机制。因而，在当前的思想政治理论课现实空间建设中，许多思政课教师和思政教育工作者认为实践是在课堂空间之外展开的，忽略了对于思政课教学空间之内诸多实践环节的价值挖掘与利用。

一是加大课堂空间内部的实践教学力度，使其与课堂讲授有效融合。在当前的思想政治理论课教学中，其实有诸多环节可以加入或者提高实践教学的效果，例如在课程设计中融入社会实践案例教学。在本研究此次开展的问卷调查之中，案例教学法是所有大学生受访者接受度最高的授课形式，因此，采用社会实践案例方式可以一定程度地提高学生参与实践教学的力度与效度。经过研究与分析，本研究发现在当前的案例教学中存在一些问题。第一，在教学实践中，所能选取和使用的案例非常有限，总体资源呈现匮乏状态，已有的思政课教学案例具有滞后性，不能与当下的政治、经济、文化、生态等实际情况相契合，缺乏本土化的特色案例。第二，当前案例教学实践中所呈现出的情感元素不足，教师在选取案例时未能真正从学生角度出发来考量选取该案例的动机，是否能够将情境有效重现，学生会在哪个节点有效代入或融入案例实践教学中能够有效激发其好奇心与情感共鸣以及对案例之后所呈现知识点的探索欲等，实际上不少教师认为一旦使用案例教学，学生自然而然就会参与其中，然而如果不对以上几点进行有效的实践议题设置，其结果就会偏离案例教学的初衷。第三，目前部分教师在实施案例教学实践时，还不能有效地把控整个教学过程，比如对于议题的引入、现象的分析等在何时开始、何时推进、何时结束还难以做到有效把控和调整，使得案例教学并未能真正以学生为中心并获取理想的案例教学效果。因此，社会实践案例教学的引入就是对思想政治理论课教学现实空间建设的一种探索与尝试。社会实践案例教学与其他的案例教学最大的不同就是要求学生主体通过实际调研收集案例，将其融入课堂空间之中并进行案例分析，在课后还要进行案例的调整与撰写，这是一个融合实践与理论的教学方法与活动过程。具体而言，首先根据思想政治理论课课堂空间的教学规划与安排，结合学校内部可利用的资源，学生在教师的指导之下制定社会实践调研的主题活动方案，同时将班级学生划分为实践调研小组，每个小组确定一位负责人，之后教师根据本次社会实践调研的主题与内容，向学生教授资料收集、方案实施以及科学研究的方法与步骤，在此基础之上，调研小组地深入实地开展社会调研，通过录音、录像、笔录等方式来全方位地实施社会调查研究；其次，将学生的实地社会调研结果带回之后，教师要先在课堂空间内对本次主题调研的相关理论知识进行详细讲解，使学生先具备一定的基础理论知识，随后以小组为单位，引导学生将收集到的调研资料进行归纳整理，以文本或者课件的形式呈现出来，由小组负责人代表小组阐述本次调研中问题的发现、分析和解决思路与过程，其他小组可以提出疑问、建议或者意见，同时展开相应的探讨，最后教师针对各小组的实践调研报告和发言进行点评，进一步引导学生形成理论联系实际的逻辑理路，拓宽实践教学的视野，在课后对于有价值的、典型的案例，教师可以与学生一起进行调整与润色，将其纳入教学案例资料库之中，促进思政课现实空间的拓展。

二是在思政课现实空间内强化合作式的学习理念，引入探究式的实践模式。当前高校在建设思想政治理论课现实空间时将更多的精力放在了实践教学开展的形式和资源的限制上，没有真正进行内涵式发展。实践教学模式的开展往往需要成员进行团队协作，这与合作学习模式具有一致的内在规定性，而合作学习模式反过来也能有效促进实践教学效果的提升。许多研究表明，通过团队协作能够显著提高成员的积极性，其分工合作则能提升主体在各方面的专业化水平。对于以班级为单位的合作学习团队而言，人数的减少意味着凝聚力的增加，同样的实践学习任务使得成员之间的信任感和依赖感增强，成员间的人际互动和复杂认识活动的开展能够促使成员迅速掌握相关学习技巧，合作学习氛围可以在无形中丰富成员的智力活动，成员之间的肯定与尊重也会提升学习效果，合作学习模式会让成员更加注意团体的协作，其责任意识也能够得到进一步提升。另外，思想政治理论课教学体系是一个完整的具有一定学理性的知识系统，在实践教学过程中需要参与主体进行学理知识的内化与思辨，以及对实践活动进行科学的规划、实施与总结，因此仅仅强化合作式学习模式是不够的，还需要强调实践教学活动的探究性，即引导学生在处理实际问题时采用科学的方法来加以分析、研究与解决。这就首先需要教师在实施相关实践项目时，按照科学的方式来进行问题情景的创设，并且按照科学研究的一般程序来引导学生逐步地了解、分析和解决问题，通过这种相对缩减化的科学研究训练，可以使学生主体获取更多的综合分析与归纳推理能力，培养科学素养和意识，激发对于问题的科学探究精神。当然，在对实践项目进行探究式学习的过程中，势必会产生很多疑问和不确定，此时就可以借助团队协作的力量，成员之间进行讨论、思辨、启发、质疑和指导，培养创新思维的同时提升团队协作精神。不过需要注意的是在选取探究式实践项目时，要考虑到实践内容能否让学生产生一定的探究兴趣以及认知困惑，同时应该具有时代性，比如“毛泽东思想和中国特色社会主义理论体系概论”这门课程最好能够围绕当前中国特色社会主义重大理论成果而进行，同时实践内容应该具有一定的可行性，要考虑到现实空间的资源和条件限制，以及学生当前的认知水平、实践能力和科研素养，对于不同年级、不同专业的学生进行差异性的实践情境问题创设。

二　提升教学实践效度

在当前的思想政治理论课现实空间建设中，部分高校已经建立起具有一定系统化程度的教学实践体系，但效果不甚理想，究其原因，涉及教学实践的计划、内容、执行、考核等各个环节和要素。换言之，要优化思想政治理论课现实空间子系统，目前最主要的任务就是提升现实空间各环节的实践力度与效度。

首先，应该进一步落实将实践教学纳入思想政治理论课教学计划并予以实施。2018 年国家下发的《新时代高校思想政治理论课教学工作基本要求》明确指出，“各高校应该制定实践教学大纲，整合实践教学资源，拓展实践教学形式，注重实践教学效果”。这就要求高校高度重视实践教学，以学分制的形式落实教学计划，重视与思政课理论教学的同步性，根据不同的思政课程特点来整体安排、调整与实施实践教学计划，形成包含实践教学总体计划、各课程实践教学分计划、各课程课前中后实践教学计划的监督与实施这样一个有机的思政课实践教学计划制度体系。其次，创新式地实施特色化实践教学项目来提升实践教学实效。例如将竞赛机制引入思想政治理论课实践教学当中，可以激发学生参与实践的积极性及其创新能力。思政课教师需要根据不同的思想政治理论课程特点和资源来制定不同的竞赛化实践项目，比如演讲或知识类竞赛适合经典著作阅读，辩论赛适合时事热点的点评和分析等，同时要考虑每种竞赛项目的适用性，包括竞赛目标的达成度、学生群体的接受度以及竞赛项目的参与度等；二是竞赛规则需要由马克思主义学院或者思政课教研机构联合党委、宣传部、教务处、学生处等部门一同制定，囊括竞赛的相关细节，比如名称、规则、目的、资格、评比细则等，要体现出公开、公平、公正的原则；三是要规范思政课竞赛化实践项目的操作流程。相关教师需要使参与学生知晓竞赛精神与细则，先经过班级初赛，对经过初赛的同学在教师进行认真指导和点评后参与复赛，根据参与人数情况可以以专业或者学院为单位进行复赛，胜出者再进行决赛。在整个竞赛过程中应该秉承以对价值的认知、传承与发扬为核心价值理念，对所有参赛者应予以不同程度的表彰。总之，在思想政治理论课实践教学中引入竞赛化机制需要处理好竞赛制教学与其他教学方式的关系，以及趣味性与教育性、思想性的关系，最终获得以赛促学的实践教学效果。除此之外，还可以将创业文化引入思想政治理论课实践教学之中，因为创业文化是时代精神的体现，与思想政治理论课教学中对于世界观、人生观和价值观的教授具有十分密切的联系。譬如可以在相应的思想政治理论课实践教学中适当引入创业文化，利用学校、社会、企业、政府等一切相关资源来开设实践教学项目，搭建创业实践平台、工场和空间；同时，可将创新创业的实践教学落实到学分制度当中，鼓励学生多参与创业式的实验项目以及课题研究，在思想政治理论课现实空间之中培养创业文化与政治素养协同发展的空间氛围。最后，要努力探索有效的思政课实践教学考核机制。可以将思政课的实践教学考核与日常空间行为进行一定程度的挂钩，比如公寓内的个人日常生活状况，平时的班级、学院、学校活动参与情况，志愿服务情况等，思政课教师、辅导员和公寓管理员可以将学生在各自范围内的学习和参与表现录入共同的信息系统当中，并且适时进行公布与反馈，还可以与家长形成家校联动教育机制，将实践教学、日常行为以及诚信体系等系统共享，共同促使思想政治理论课现实空间的深化与优化。

第四节　引导高校思想政治理论课虚拟空间

“从野蛮到文明，每走一步都有赖于媒介物的发明，这些媒介物拓宽了纯粹直接经验的范围，把它和只能用符号表示的事物联系起来，使它具有深刻而又比较广泛的意义。”① 互联网络、信息技术与设备终端一同构成了形成虚拟空间的媒介，人类社会的交往形式自此面向了一片更为开放和广阔的结构空间。虚拟空间是人们在社会政治、经济、文化、科技等方面不断实践与创新的结果，也是历史、空间发展的必然。虚拟空间是现实物理空间的延伸与拓展，与后者是共生交互的关系，虚拟空间的数字化、隐匿性、多元化、开放性以及超时空等特征又使其与传统意义上的空间有着巨大的差异，虚拟空间的发展正在深刻改变着人类交往关系与相处模式，也向社会空间提出了新的挑战。

对高校思想政治理论课教学空间而言，虚拟空间为参与主体提供了以往传统空间无法承载的海量信息，拓展了人际交往和兴趣空间，能够在跨时空、跨国界、跨民族的空间场域之内形成不同意识形态和社会思潮的汇集与交流、矛盾与冲突，无论是个体还是群体都可以以更加个性化、多元化的方式表达自己，改变了以往权威式的思想政治理论课教学话语体系。当前，网络思想政治教育已然成为思想政治教育教学的重要组成部分，因此，如何在虚拟空间环境之下，将马克思主义理论与中国特色社会主义核心价值观在虚拟空间之中进行有效传播，避免受教育者因技术异化等原因产生人际交往困难，正确处理思想政治理论课教学的虚拟化、空间化问题是拓展新时代思想政治理论课教学空间需要正视的问题。

一　把脉虚拟空间样态

在网络虚拟空间之内，首先要学会数字化生存，思想政治理论课虚拟空间的构建目的在于以信息化手段更加有效地促进主流意识形态的传播，而虚拟空间本身也随时随地体现出物质、信息与能量的交换，由此对信息传播以及网络社会生态的规律性样态把握是引导思想政治理论课虚拟空间优化的重要前提。

信息传播其实贯穿于人的一生。人们把传播媒介当作接受外界资

① ［美］杜威：《民主主义与教育》，王承绪译，人民教育出版社1990年版，第246页。

讯、了解社会关系和寻求自我认同的雷达，通过传播来做出决定并说服或操控他人，借用传播媒介来接受社会信号并对其做出反应，通过信息传播来将知识、规范和技艺传授给他人等，媒介传播能够作为工具使用，同时也能带给使用者愉悦。在虚拟空间之中进行传播活动，传播者与受众需要共享一套信息符号。思想政治理论课教育者要根据不同的教学目的与认知需求，调动相关资源和传播技巧，将相应的信息代码发送给受教育者，而受教育者会根据自己的认知需要决定是否接受。如果接受，那么他将会根据自身的媒介素养和可利用的资源进行相应的加工与解码。但是需要注意的是，绝大部分信息都不能马上引起对方给予期待的外显反馈，当外来信息符号出现时，传播受众会首先对根据自身储存的相关信息或形象进行编码，之后产生这样一些结果，比如对既存构想的证实、修正或者澄清，但是要想彻底改变就如同改变宗教信仰一般困难，除非一些突变情况的发生。由此可见，在思想政治理论课虚拟空间的构建中，教育者所选取的信息符号至关重要，因为它关系着是否能够引起教育者预期的一套情景或感情活动，如果交流的双方能够领会彼此发出的信号，那么在很大程度上双方在传播过程中信息交换的意义甚至会超过信息本身所蕴含的语义，因为双方在肯定彼此所使用的是同一套信息符号或相似的参考框架时或已经产生情感上的认同。信息符号的种类有很多，语言或非语言，视觉、听觉、触觉、嗅觉都可以作为传播信息的符号要素，虽然非语言符号很难编织成系统的传播代码，但是大量研究表明很多多样化的信息正是通过非语言符号传递给受众的，比如目光、姿势、嗓音、服饰、颜色、气味等，以及以时间或者空间的方式进行信息编码也是有所区别的。由此，构建思想政治理论课虚拟空间，创建一套思政课教学双方都认可的信息符号系统是前提之一。

思想政治理论课虚拟空间同时也具有网络社会的属性，即思政课虚拟空间也可以看作是小型的网络社会，是基于互联网形成的一种动态化、开放式、层次化，按一定结构组成的具有网络社群特性的系统。既然思想政治理论课虚拟空间是一个小型的网络社会，那么保持网络社会的生态性就是思政课虚拟空间发展的重要基础，因而思想政治理论课虚拟空间应该具备网络生态社会系统的属性和特征，例如动态性、自组织性、合作性、渐变性，但同时也具有稳定性、他组织性、竞争性与突变性。思想政治理论课虚拟空间要作为一个相对稳定的网络社会生态系统，应该首先具备相应的资源，包括软硬件资源、信息资源与服务资源，其次囊括相应的网络个体、种群和群落，同时还应该具有相互协调的经济、政策、文化环境等。优化拓展思想政治理论课虚拟空间的最基本前提就是要保持其内部网络社会生态系统的平衡，即思政课虚拟空间内部资源、群体和环境可以相互依存，从而形成一个生态型的功能单元，其空间内的物质流、信息流与能量流能够进行有序的自我调节和动态演化，而这一切需要在掌握思想政治理论课虚拟空间的网络社会生态平衡运行规律基础之上进行。总体而言，应当把握这几方面的规律：一是虚拟空间之内的系统要素相互制约，包括资源系统、群体系统和环境系统，当其中一个系统要素发展受阻时，其他的也会受到限制，因此在分析其形成机理时需要整体考察各要素之间如何相互作用；二是遵循能量转化规律，物资循环与能量流动是紧密相连的，表现在思政课教学虚拟空间之中就是知识内容与信息传播在不断转化和循环，如何维持二者的有效传递与转化是需要考虑的一个重要问题；三是协同进化规律，即思政课教学虚拟空间与思政课教学空间的其他子系统之间是共生共享的关系，保持虚拟空间的生态平衡不仅要维持最初的状态，更要发挥思政课虚拟教学参与主体的主观能动性，使得当前的虚拟空间生态系统更合理、更高效；四是最大限值规律，思政课虚拟空间作为一个网络社会生态系统应当具有一定的自我调节能力，但不应是无限制的，当其网络生态结构由于外力而产生超出自我限值的变化时，系统的自我调节能力会遭受到巨大挑战，而这种挑战往往带来的是对于生态系统的长远性甚至不可逆的破坏，这对整个思政课教学空间生态来说也是一个非常重大的打击。

二　融合虚拟空间要素

在了解与掌握虚拟空间运行基本规律的基础上，有效引导思政课虚拟空间还需要将空间内现有的各类要素进行规划与融合，包括虚拟空间的理念要素融合、内容要素融合、平台要素融合等。

思想政治理论课虚拟空间需要将价值观念教育以及道德情感教育相融合。网络思想政治教育是教育主体双方在网络虚拟空间之中开展的一种社会交往活动，旨在通过规范和引导网络社会空间中主体的思想和行为来调整参与主体与虚拟空间的关系。但是由于网络特有的隐匿性与虚拟性等特征，在网络空间中主体的行为会出现一定程度的随意性甚至非理性的表现，例如网络谣言、网络暴力等现象，这对于开展网络思想政治教育十分不利。网络价值观念教育旨在培养参与主体一种科学理性的网络价值理念，以提高主体对于虚拟空间场域的认知与适应，促使教育主体与网络社会之间的和谐共生。科学合理的网络价值观念对于规范教育参与主体的言行，增强虚拟空间行为自律，培养良好的信息与媒介素养都有所助益。其次，网络道德情感教育也是引导思想政治教育虚拟空间发展的应有之义。当网络空间逐渐渗透进人们生产生活的各个空间领域之后，人际交往开始疏远、淡漠，虚拟场域之内的道德失范问题层出不穷，符号化、去身份化的网络特性使得原本受到现实道德规范约束的主体道德意识弱化，因此要想真正引导思想政治理论课虚拟空间的规范建设，需要在把握网络信息传播和网络社会生态规律的基础上，认真思考如何增强教育主体在网络空间之中的责任感、荣辱感、集体感，一方面要利用网络空间各种资源进行空间氛围烘托和引导，另一方面也要加强对网络规范的制定，毕竟思想政治理论课的教育对象还是世界观、人生观、价值观正在形成中大学生群体，他们需要较长时间的思政课学习与实践才能将网络道德规范内化为自我认知、意志与信念。只有将网络价值观念与网络道德情感二者进行协调式、整合式教育，才能保障参与主体具备基本的网络道德属性。

思想政治理论课虚拟空间需要信息技术与教学内容相融合。网络思想政治教育已然开始，它是对传统思政课教学方式的有效拓展与补充，例如通过互联网络与信息技术，以往思政课堂的时空界限被打破，使得全员覆盖式的教学格局成为可能，同时网络的低成本接入和信息无限循环等特征能够在思想政治理论课教学空间建设中节省不少人力、物力、财力资源，去中心化、开放性等特征也一定程度地提高了受教育者的主体性与积极性。然而，当前的网络思想政治教育现状却反映出教学内容与其信息载体之间的不协调，难以实现预期的教学目标。在思想政治理论课教学专题网站建设方面，除了具有一般课程网站所具有的基本教学功能之外，因为其独特的意识形态性质以及以人为本的思想素质及道德素养的培养需求，应设计更加友好的操作互动界面，凸显互动讨论板块以及满足和解决大学生实际信息需求板块，增强其开放性、交互性与实践性，以此来提升思政课专题网站的访问量和使用率。在具体的思想政治理论课信息化设计当中，可以适当加入游戏化的课程教学设计和实践方式，例如在讲授“中国近现代史纲要”时，可以在鸦片战争、五四运动、抗日战争等章节中，以闯关游戏的方式来设定虚拟教学实践，囊括主要人物、地点、事件的起因、发展和结果等，对于游戏闯关的方式学生主体更为喜闻乐见，在获得媒介幸福感的同时可以获得相关的知识信息和情感体验，当然这对于教育者的信息化素养和理论素养都提出较高的要求。思想政治理论课教学的实践内容也可适当与虚拟空间相结合，比如可根据适当的实践教学项目来安排信息搜集、问题探讨、社会调查和参观访问等，教育者也应当提前准备好相应的教学设备和实践指导，使其规范参与思政课虚拟实践教学的同时，提升信息甄别、处理以及项目实施能力。

思想政治理论课虚拟空间需要融合相关管理及教学平台的建设。随着教育技术的发展和课程信息化程度的加深，当前某些高校的思政课教学已经开始引入管理平台，例如 blackboard 数字化管理平台就是专门为教师与学生构建的一个基于网络和多媒体环境的课程教学交流空间，该平台具有软硬件系统、数字教学资源、信息管理系统以及人才队伍管理等丰富的功能模块，能够有效实施个体随机在线学习、小组协作学习、师生互动交流。此外，思想政治理论课虚拟空间之内也已经包含了思政课教学专题网站（发展时间最长，覆盖面最广，技术相对成熟）、思政课慕课平台（教学形式多样，课程资源开放，学习方式灵活）、思政课移动课堂（使用便捷、功能强大、技术尚未成熟）等有关的教学平台。如何从整体上把握思想政治理论课虚拟空间之中管理平台与教学平台的关系，对于引导和规范当前的思政课虚拟空间具有十分重要的意义。

第五节　完善高校思想政治理论课制度空间

思想政治理论课制度是在历史的发展过程中教育管理者为了满足相应的教学需求而制定的一系列可调节教学参与主体社会关系结构的规则体系。高校思想政治理论课制度空间的完善是思想政治理论课整个教学空间的规范化、公平化、有序化的保障，因其所蕴含的制度框架规定了思想政治理论课教学规划、结构、组织等各自所具有的社会空间，以及教学主体与政府、社会的关系，对于教学空间的发展发挥着方向性、指引性、规范性的作用。除了对当前的高校思想政治理论课制度空间建设现状进行分析，还需要在合理配比相关制度以及提高制度有效供给上发力。

一　实现制度合理配比

首先要提高学科制度的建设力度，这体现在学科制度精神的强化和学科制度结构的完善上。思想政治教育学科制度精神是在深入梳理和研究思想政治教育发展史的前提下，分析和挖掘主体在开展思想政治活动中所体现出的精神特质、智慧勇气和人文理念。制度文化的建设是不容忽视的，因为制度文化是通过一系列的价值规范和伦理习俗来潜移默化地影响着身处制度文化空间之中的成员，是一种隐性教育形式，可以弥补显性教育方式的不足，有利于思想政治教育学科制度精神的培养。在建立制度文化的过程中，要注意与思想政治理论课价值理念的匹配度以及思想政治理论课制度空间建设契合度，尽力形成正向合力。此外，还要注重对于思想政治教育学科制度结构的规划，比如进一步规范人才培养计划，包括本科、硕士与博士相关层次，通过制度倾斜对思想政治教育学科相关人员提供相应的资金支持，增加例如发表学术论文、出版学术刊物和专著的平台等，同时应进一步完善既有的思想政治教育学科的教学制度、管理制度、考核制度、奖惩制度，并注意制度结构上的相互支撑与衔接，提高思想政治教育制度对引导和规范思政课教学对象在现实生活空间行为的力度与效度。

其次注意正式与非正式制度的协调。正式制度包括各类法律、政策等，由国家强制力来保障实施。非正式制度则是与正式制度相对的一个概念，道德规范、价值理念、风俗习惯都属于这个范畴，它们是对人们社会行为的一种不成文的规定和限定，也是整个社会空间约束体系的重要组成部分，具有自发性、广泛性和非强制性等特征。正式制度与非正式制度之间是具有辩证关系的一对概念，在某些情况下二者之间会存在一定的冲突，这势必会一定程度地降低制度的效用，但在某些情况下正式制度与非正式制度之间也可以相互转化，互为支撑。思想政治理论课教学以立德树人为教学旨归，在对受教育者进行知识传授、价值引导、道德熏陶和行为感化的过程中，需要思想政治理论课教学相关的正式制度与非正式制度的协同并进、共同作用，实现思想政治理论课教学制度空间的完善与强化。近年来，我国政府在思想政治理论课教学方面相继颁发了一系列的意见、办法以及其他的配套文件，但是在整体上还缺乏更具制度效应的法律、法规。此外，当前中国正处于社会主义改革的深化和攻坚阶段，社会矛盾的凸显以及技术异化等现象都对思想政治理论课教学制度空间之内的空间正义与公平、伦理价值与观念等带来了挑战。因此，在建设思想政治理论课教学相关正式制度与非正式制度时，应该采取整体化、系统化、科学化的规划，形成共同的制度效应与文化，避免效力的相互冲突与抵消。

再次，正确处理思想政治理论课制度均衡与创新之间的关系。所谓均衡，是指特定空间之内各种要素和力量作用之后该场域内所有要素形成的一种稳定和有序的状态，这种状态通常是暂时的，不会恒久不变。思想政治理论课制度空间均衡则指涉空间内部制度结构的安排符合空间主体的教育教学需求，能够为其提供一个相对稳定有序的思想政治理论课教学空间环境。具体而言，实现思想政治理论课制度空间的均衡需要考虑几个方面的问题：一是把握好思想政治理论课教学制度的需求与供给均衡。当前思想政治理论课制度建设需要更多以“需求侧”为出发点，多考虑思想政治理论课参与主体的实际诉求，比如学校在制定学科发展和专业规划时应保障一线教师能够有效开展思政课理论教学的政策需求。思政课教师在相应的教学空间内制定教学规范和教学要求乃至进行课堂文化建设时，需要将学生主体的情感、心理等需求作为考量的重要指标，制度的建构者和实施者不能一味地站在“供给侧”来进行制度规划、制定和输出；其次，还需要把握好与思想政治理论课教学相关的制度供需平衡。既然思政课制度空间之中有供给侧与需求侧，那么保持整个制度空间之内“制度量”的供给均衡就至关重要，其一旦失衡，整个思想政治理论课教学空间就难以运行。因此，在规划相关的制度供给与需求关系时，应该在给予各自相应的发展空间的同时，保证二者在思政课制度空间之内的轨迹曲线每隔一段时间就有相交，其交点就表征了思政课制度供给与需求之间的均衡状态，之后各自根据制度空间的实际情况又恢复到相应范围之内的自由活动区间，这样既可以保证制度空间的规范性与稳定性，也可以体现制度建设的灵活度与自由度。除了制度均衡是完善思政课制度空间构建的重要维度之外，制度的创新也必不可少。根据当前的空间发展现状，在制度空间创新过程中需要注意以下几点：一是降低制度供给不足和供给过剩的空间比例。无论是供给不足和供给过剩，都会造成思想政治理论课制度空间的制度失衡，无法达到思政课教学空间的最佳效果，甚至阻碍思政课教学空间的发展，要减少思政课制度空间失衡状态的发生，就要建立一种能够及时跟踪、调整与反映相关思政课教学制度实施与执行情况的有机联动反馈机制，一旦出现制度供给不足或者过剩，能够将相关情况在最短时间内反馈给制度制定者和实施者，将空间制度维护和建设的成本降至最低；二是把握关键环节的时间节点。制度创新是基于原有均衡的打破，通过执行创新后的新制度从而逐渐达到新的制度均衡状态的一个过程，这个过程中何时打破、何时执行以及何时制定和实施针对新旧制度过渡时期可能会出现的矛盾、摩擦与冲突而制定的状态维护应急预案，都需要在宏观、科学把握整个思想政治理论课制度空间所有要素的基础上有序开展。

二　增强制度空间效力

首先，要强化思想政治理论课制度空间中党委的顶层设计功能。高校党委起着十分重要的领导和指挥作用，其关于思想政治教育教学的布局与规划对于推进思想政治理论课制度空间的整体运行至关重要。第一，应该对高校书记、校长与分管领导的相关权力范围作出更有针对性、具体化的责任目标规划，可将高校的宣传部部长、组织部部长等设立为党委常委，以此来提高思政相关工作的地位，同时在党委之中设立思政课教师工作部，加强思想政治理论课教学在高校整个思想政治工作之中的比重，健全思政工作机制。此外，可建立高校党委领导下的部门联动机制，即以高校书记或校长作为负责思想政治理论课工作领导小组的组长，协调教务、学工、宣传、组织等部门与各院系党组织的思想政治教育教学联动机制，比如通过定期召开制度化的联席会议等方式来不断提升各部门有机联动处理有关思想政治理论课教学实际问题的能力，以及通过党政班子成员的工作轮岗等制度，增强党务工作者和教学负责人之间的互通有无，减少沟通阻碍和降低沟通成本。第二，将思想政治理论课教学的相关要素作为高校党委开展思想政治教育教学工作的着力点。例如党委应该首先着力于提高和优化思想政治理论课教师队伍的建设，因为教师群体是思想政治理论课空间设计与实施的主体，思想政治理论课教师的质量决定了思政课空间发展的层次和水平，也在很大程度上影响了教学的实效性，同时高校党委也应当更加关注学生群体对于思政课教学制度效应的反馈与评价，并将其作为检验相关制度的重要指标之一，要根据学生的反馈情况作出更有利于学生参与思政课教学空间的制度设计。第三，应根据不同的教学参与主体来进行相应的制度设计与创新。对教师群体而言，基于思想政治理论课教学的特殊性与高要求性，对于教师队伍的制度规划应该采取更为审慎的态度，对于思政课教师队伍的管理应该是动态化的、机制化的，例如高校党委应定期对思想政治理论课教师的队伍规模、整体素养、教学效果、教学风格、研究成果以及学生评价等情况做备案记录，随时掌握思政课教师队伍的基本情况与发展动态，尽量将本校的思想政治理论课教师向“一岗双责”“一岗多能”的方向进行规划与培养。第四，高校党委还应该重视对于思想政治理论课制度空间之中非制度文化的设计与营造。思想政治理论课是高校当中为数不多的几门面向全校学生的课程，因此可以将思政课看作是一项以课程形式规定下来的学校制度，加上独特的意识形态功能和“立德树人”的教学宗旨，高校党委在进行制度设计时需要统筹考量正式制度与非正式文化。例如可以举办关于马克思主义理论的学术讲坛，开展对马克思主义学科相关理论和现实问题的讨论与交流，开展丰富多彩的与社会主义核心价值观相关的文化活动，以及基于大数据、精准画像等信息手段，利用网络和新媒体技术进行精准推送，利用富有时代气息和生活气息的话语体系阐述马克思主义理论，将推送内容与中国当前社会主义建设中出现的新情况以及学生日常生活中亟待解决的问题紧密结合，将逻辑性、学理性融合进时代性、生活性，有机融合校园文化与社会主义先进文化，以为学生服务为旨归，以提高学生政治及道德素养为根本目的，为学生的全面发展提供最优质的教学制度空间。

其次，应尽量做到对思想政治理论课制度空间结构与运行的优化。可以暂且将思想政治理论课制度空间结构划分为教学制度、学科制度、实践制度等。在教学制度方面，应该着力深化与丰富思想政治基础理论，结合信息科技手段以及多学科交叉渗透的优势不断提升思想政治理论课教学的适用性与时代性；在学科制度方面，要推进思想政治理论课学术共同体建设，包含马克思主义理论学科相关的研究与工作组织，以及学生事务管理职能在内的思想政治理论课学术共同体建设；在实践制度方面，应该建立一支由学校党委牵头，囊括马克思主义学院、教学处、学生处、宣传部、组织部、团委等部门的工作小组，专门负责相关教育教学的策划、管理、执行、反馈等工作，在此过程中应该强化以下几个层面的制度责任落实，包括高校党委责任制、部门责任制、岗位责任制等，强化制度化、规范化的依法行政，在思想政治理论课制度空间建设过程中不断提升法治化水平。要实现思想政治理论课的教学制度、学科制度以及实践制度整体协调运行并非易事，应该考虑从以下几个方面入手：第一要理清高校思想政治教育教学与其他部门的关系，如思政课教学机构与上级教育行政部门的关系，与党团以及其他职能部门的分工与协作关系；第二要进一步完善思想政治教育教学相关的组织、管理与行政制度。可以采取优化组织形式、发展人员规模、加强党团建设等方式来协调教学组织、行政组织、研究机构、职能部门等的机构建制，构建一个协调发展、沟通顺畅、齐抓共管的思想政治教育教学实践制度体系；第三要注重思想政治理论课制度空间环境的完善。只有拥有了相对科学化、生态化的思想政治理论课教学空间环境，才更有利于教学制度的运行，例如增强对思政课教学的物质保障，才能更有利于制度的优化和有力执行，同时需要进一步健全思想政治教育教学制度的组织、管理、激励与评价，建立集决策系统、信息系统、执行系统、监督系统、反馈系统于一体的整体化运作模式，提高空间制度的执行率，同时尽可能地获取不同主体的支持，无论是个体还是组织，国家、社会还是家庭，只有尽可能多地动用和整合思政课教学空间的所有资源，才能更好地激发思政课制度空间的现有力量，挖掘更多潜在的力量，优化思政课教学制度空间结构，提升思政课制度空间运行效率。

第六节　建构高校思想政治理论课非制度空间

思想政治理论课教学的目的是培养符合社会主义意识形态的社会

化人才，因此高校思想政治理论课教学空间其实在本质上是与整个社会空间具有类似的社会生态属性，社会空间的政治、经济、文化、制度生态的状况必然会影响身处其中的思想政治理论课教学空间的生态状况，包括思想政治理论课教学参与双方的思想、态度、心理状况等一系列要素。另外，新时代高校思想政治理论课教学空间优化的任务之一就是要更好地培养社会公民的家园意识，提升社会成员的生态文明素养，促进主体的生态化空间践行。因此，将生态学的理念引入思想政治理论课教学空间，对于认识和理解思想政治理论课空间的多样性、整体性、动态性有着积极意义，对于促进思想政治理论课教学空间主体形成正确的生态观也有所助益。因此，对于高校思想政治理论课非制度空间的拓展也是对其社会生态空间的维护与优化。

一　维护空间生态平衡

维护思想政治理论课非制度空间，前提是要明确其具有的两大属性：生态性与社会空间性。生态，是生物与其所处的环境相互作用后形成的一个相对稳定的空间状态，生态系统则是生态学上的一个基本功能单位，囊括了其范畴内的生物，以及生物之间、生物与环境单元之间的物质、能量、信息的循环、转化与传递。自然界当中的生态系统基本上都是具有开放性的系统，即整个系统的运转依靠外界环境与内部环境的输入与输出，如果生态系统在运行过程中具有一定的自我调节与反馈功能，即系统的输出能够很大程度上决定系统未来的输入，自身的生态平衡便得以维持。生态平衡通常是指生态系统基于自身的发展、调节与反馈之后所达到的一种稳定状态，包括结构上、功能上、能量交换上的整体稳定，值得注意的是，所谓生态系统的平衡其实并非一种静态的平衡，而是动态的，因为生态系统总是处于物质、能量、信息的不断循环和交换之中，在无人干预的情况下，生态系统会自发地向多样化、复杂化的方向发展，直到整个生态系统达到最成熟、稳定的状态，此时生态系统维持自身正常运转的功能达到最佳，并能够克服绝大部分的外来干扰，但生态系统的自我调节功能是有限的，一旦超过自身限度时，生态系统的调节功能就会失灵，导致功能失调甚至引发生态危机。

社会学家、哲学家格奥尔格·西美尔在其著作《社会学：关于社会化形式的研究》一书中，从社会学的维度探讨了空间所具有的五个基本特点。西美尔关于社会空间基本特性的概括与总结对于把握从属于整个社会空间之中的思想政治理论课教学空间本质属性有不可忽视的启示意义，尤其是面对当今社会改革逐渐深化，信息技术对人们的生产生活带来巨大改变的空间环境时，思想政治理论课教学空间的社会适应与生存能力遭到了不小的挑战，例如如何在多元化的价值观念碰撞和社会思潮激荡的情况下对空间主体提供正向的、合理的精神价值引导，以及怎样在新时代的社会空间实践当中满足受教育者的实际需要，思想政治理论课非制度空间的构建是保障整个思政课教学空间面对当前社会空间环境中复杂多变以及不确定因素时，增强其针对思想政治理论课教学所处社会生态空间的变化而不断地进行调整、适应、融合、发展与创新的空间能力。

思想政治理论课非制度空间具有生态性和社会空间性的共性特征，又具有自身独特的社会生态空间特质，只有在其建构之前统筹考虑到这两个方面的因素，思想政治理论课非制度空间才能在发展中寻得平衡。一是明确思想政治理论课非制度空间具有稳定性、调节性以及放大性等特征。首先，思想政治理论课非制度空间作为一个生态系统，若想要维持正常运行则必须处在一个相对稳定的空间场域之中，其内部的各要素需要保持一定时期的连续稳定发展，不会发生生态突变，比如可以通过一系列生态规范的建立和实施来保证系统内活动的有序开展，以及形成各要素的协同作用机制，当思政课生态系统面临外界因素干扰时可以根据实际情况调整系统内部的结果与功能，保证思政课教学空间发展不偏离既定轨道。其次，思想政治理论课非制度空间是一个开放的系统，与周围的空间环境不断进行着物质、信息与能量的交换。思政课生态系统在发展时会从周围环境中汲取所需的资源，必要时通过负反馈形成系统的自我调节，同时将系统发展中所产生的影响向周围辐射开去，从而保持整个思政课生态系统的动态平衡。再次，思想政治理论课非制度空间是一种社会空间系统，因而在自身的建设与发展中会产生一种社会放大效应，即当面临一定的空间风险时，有可能会与所处的社会空间发生文化、价值上的相互作用，并且其产生的影响通常会远远超过自身所处的空间层级，对更远更大更广阔的空间范围产生影响。因此，面对思想政治理论课非制度空间中客观存在的放大效应，相关主体应该学会因势利导，在充分认识该效应的基础上最大限度地加以引导、利用和控制，放大思政课非制度空间中的正向社会效应，尽可能避免负向空间社会效应的产生和扩大。二是掌握维护思想政治理论课非制度空间平衡的规律。首先思想政治理论课非制度空间各要素之间是共生共存以及互为制约的关系，当一个要素的发展受到阻碍时，其他要素的发展同样会受到限制，并且还会对前一要素产生负反馈。所以在制定思想政治理论课非制度空间发展规划时，要分清不同要素之间的促进与制约关系，实现思想政治理论课非制度空间的有序发展。其次，思想政治理论课非制度空间的能量流动、信息传递与物质循环等是紧密相连的，实体生态空间与虚拟生态空间都存在不同形式的三个维度的物质、能量、信息的流动与转化，需要根据各自不同的生态空间子系统的样态和规律来维持其生态系统的平衡。再次，思想政治理论课非制度空间子系统与思想政治理论课整个教学空间之中的其他空间子系统之间可以产生协同进化效应，即存在着相互之间的作用与反作用。思想政治理论课非制度空间的演进过程就是旧平衡不断被打破，新平衡不断被建立的过程，其目的在于最终调动与发挥思政课生态系统群体的主体性、能动性，促使其构建出更加完善、优化的思想政治理论课非制度空间。最后，思想政治理论课非制度空间系统的自我调节能力有限，当外界的干扰程度超过自身调节能力与幅度的最大限值时，思政课生态系统往往需要较长时间来恢复空间生态平衡，有时候甚至会造成生态系统的破坏。

二　提供空间发展保障

全方位地提供空间发展保障应该从实体空间和虚拟空间两方面着手。

在实体思想政治理论课非制度空间之内，首先应该强化马克思主义生态观的讲授与传播。生态观是马克思主义唯物史观中的重要内容之一，其认为世界是一个人与自然、社会相互作用的复合生态系统，对于生态世界观的学习要深入把握这三种要素的作用机理；马克思主义生态观同时认为运动性是生态系统的本质属性，人、自然与社会都是在不断的运动变化当中，在这个过程当中保存了生物要素的多样性；整体论也是马克思主义生态观的核心理念之一，其认为世界是一个有机统一的整体，整体与部分相互作用、相互依赖。其次，在对马克思主义生态观进行深入学习与理解之后，应该在思想政治理论课教学中加强生态伦理教育，即将生态德性与道德规范渗透到思政课生态文化教育教学之中，提升学生在与自然、社会进行关系交往时的生命平等意识，懂得在社会生态实践当中规范并约束自身的行为，包括尊重与爱护自然，维护自然生态平衡，践行绿色生活，以再生产、再利用为社会空间实践准则，并逐渐将其内化为自身的道德意识与理念。再次，加强生态价值观的传授。教育者应该在思想政治理论课教学之中引导学生形成对于自然价值的正确认知，树立生态消费观，提倡绿色消费，比如注重消费过程中生态效益的体现以及增加重复使用和再生利用的消费行为，增强学生崇尚自然、节约、环保、可持续的生态价值观。另外，高校思想政治理论课教学还需要增强生态政策与法制教育，通过对环境保护法以及生态文明建设相关法律法规的系统学习来培养学生主体的生态法制观念与素养，促进其对于相关法律规章制度的了解，做到知法、懂法、守法。最后，提倡生态文明的行为。对校园内部进行合理规划与科学设计，并赋予其生态文化的内涵与意义，开展形式多样的课外活动来践行生态文明教育理念，例如结合世界森林日、世界卫生日、世界环境日、国际臭氧层保护日、世界动物日、植树节等一系列的生态环保节日来组织不同层次和类型的生态环保活动，大力宣传生态文明建设，还可以结合高校所在地区的社会资源来建设相关的社会生态实践基地，定期组织学生进行考察、学习和调研，为地区的生态文明建设建言献策，真正参与到促进社会的生态绿色发展之中。

对虚拟思想政治理论课非制度空间而言，首先需要不断完善互联网产业的发展环境，提升中国互联网发展潜力以及在全球范围内的技术竞争力，营造宽松的产业政策环境，加大对于新技术的推广与运用，同时应大力建设国家互联网安全系统，提升对于不正当网络竞争行为的监管，努力研究网络新技术的安全性，制定科学有效的防治方案与措施，使得思想政治理论课教学虚拟空间生态构建拥有一个技术先进、安全可靠的互联网信息安全体系。其次，加强思想政治理论课非制度空间要素与外界空间环境之间的非线性作用，发挥协同效应。想要促进思想政治理论课虚拟非制度空间系统更加健康、稳定、快速的发展，除了要重视思政课非制度空间要素的相互作用与影响之外，还需要强化生态系统内部各主体要素与外部生态空间的非线性作用，以此来促成思想政治理论课非制度空间内部单个种群或者群落之间的整体作用，从而通过效用叠加的方式对其进行逐渐放大，最终演变为整个思想政治理论课教学空间系统的整体性行为，不断提升思政课非制度空间内部各要素各群体的协同联动能力与水平，促进思想政治理论课教学空间生态价值的整体化提升。具体可以从以下几个方面来展开：增强思想政治理论课非制度空间系统中主体的自主创新能力，发挥主体的能动性；为思政课生态系统资源生产者提供更有力的支持，例如通过制度倾斜、资金支持等方式来提升其技术含量，从而促进思政课非制度空间系统内部各类社会资源的生产力；加强不同主体要素之间竞争与协作的频率与强度，通过制度引导或利益驱动的方式创造更加公平公正的竞争环境，以此来促进思想政治理论课非制度空间整体生态价值的增值；提高思想政治理论课不同主体要素的反馈效率和催化循环，完善每个虚拟空间链接之间的相互作用。再次，鼓励思想政治理论课非制度空间的技术创新，强化其资源建设。从生态学的角度来看，在思想政治理论课虚拟非制度空间之中，网络技术在一定程度上推动着虚拟非制度空间的进步与创新，由此带来了思想政治理论课虚拟非制度空间的新陈代谢。思想政治理论课虚拟非制度空间技术在其形成与发展的过程中起着助推器的作用，每一次的技术创新都会一定程度地推动虚拟生态空间的更迭与演化，以及相关资源的淘汰与选择。同时，思政课虚拟生态系统技术的发展也会催生新的相关资源，其技术的不断进步决定了思政课虚拟非制度空间新资源的不断投入，因此，要想促进思想政治理论课虚拟非制度空间的发展与完善，需要对技术创新给予重视，采取有效措施加大对相关网络信息技术的投入与开发，重视生态技术创新与研发的建设性作用，通过对于思想政治理论课虚拟非制度空间基础性资源的投入以及与技术创新所带来的协同效应，使网络信息技术对于思政课虚拟非制度空间的助推作用最大化。最后，提升思想政治理论课虚拟非制度空间的开放度，提倡思想政治理论课虚拟非制度空间系统的多元化发展。提高思政课虚拟生态系统的开放度，有助于内部要素之间以及整个虚拟生态系统与外部系统的资源与信息交流，通过增加系统的负熵才能促使思政课虚拟生态系统维持自身组织结构。提高虚拟生态系统的开放性可以带来思政课虚拟生态系统与外界空间生态系统之间的能量流动、信息传递，通过增强系统的非平衡性来促进虚拟生态系统内部各要素间更为活跃的相互作用，而这有助于提升整个思想政治理论课虚拟非制度空间内部的活力。因此，促进思想政治理论课虚拟非制度空间内部不同主体、要素的多元化交流与碰撞，对于保持和激励空间内部要素之间的竞争有着极为重要的作用与意义。

结束语

思想政治教育学科还是一门年轻的学科，对思想政治理论课教学而言，其作为一门专门的课程来规范开展并进行研究也就不过是近几十年的事情，而思想政治理论课教学研究的空间转向也才刚刚起步。然而，思想政治理论课教学虽然发展历时不长，但是却具有符合我国国情和立德树人的特殊教育意义，其研究的空间转向能够更好地使思想政治理论课教育教学承担起自身的特殊使命，更好地进行人才的培养和社会秩序的维护。

多年来，针对思想政治理论课教学的研究多是以扁平化、文本化的方式与思路按照学科式、过程式、要素式的模式进行，取得了比较丰硕的研究成果。但是应该看到，思想政治理论课教学活动本身是复杂的，需要考虑的因素是多样化的。因而，以往开展的工作和学界的研究思路与方式很难反映思想政治理论课教学过程的全貌，导致教育教学实效不甚理想。思想政治理论课教学本就是一个空间活动的过程，不仅涉及空间内外、社会发展的方方面面，而且其教育对象——人的思想与空间行为轨迹也是极为复杂的，而空间自身的动态化、系统化、多样化的属性为思想政治理论课教学研究提供了超越以往的视野与方法。由此，为了推动思想政治理论课教学的更好发展，空间研究之于思想政治理论课教学而言是一个十分必要的思维框架，不但源于其自身理论发展的要求，也是由于其面临的社会实践在发生着变化。

空间与时间组成一个不断变化的时空场域，其中各种要素相互交往，各类社会力量、群体、机构、组织都利用自身的能量来影响、描述、反馈和塑造空间样态，使空间内化为自身的组织结构。诚然，在空间的内部交往之中也会出现许多的矛盾与冲突，其作用的过程也是空间面貌、空间语义不断变化的过程。空间属性的多维化、多样化要求主体以更加整体化、系统化、动态化的视域来审视自身的发展、空间的发展。思想政治理论课教学的复杂化与多样性正与之具有内在的契合性。思想政治理论课教学的最终目的是要实现教育对象的有效社会化，空间化的视角就能使其更好地理解各类社会空间产生的根源和作用机理，不同空间之内问题、危机出现的原因和内在关联，明确在各类空间之内实践的路径、长久的稳定以及发展的动力为何。

思想政治理论课教学空间问题研究体现了空间问题意识与思想政治理论课教学实践的融合。随着经济的发展，人们的物质空间不断丰富，精神空间却似乎愈加贫瘠，空间行为失范、伦理消解、信仰缺失等现象在各类空间系统之内皆不时发生，现代社会的人类理性发展似乎出现了轨道偏移，物化的经济理性、工具理性等正在悄然嬗变中。而所有出现的这些新问题、新情况正是思想政治理论课教学空间的拓展与优化所要面对的，思政课教学空间的构建正是为了改变过去平面化、单一化、直线化的思维路径，在以更加立体化、综合化的视角来思考与探讨思想政治理论课教学活动实践，认清思想政治理论课教学空间的本质、结构、特征、功能、模式以及演进历程和现实境遇的前提下，多维化地构架与优化思想政治理论课教学空间体系，努力实现个人发展与教学目的相统一、做好教育主体课堂与学科空间、现实与虚拟空间、制度与非制度空间之中的教育教学工作，实现空间系统的协调运行，提升空间教学的实效性、辐射力，推动思想政治理论课教学持续有效发展。当然，本研究还存在着诸多的不足，比如对于各空间系统内部的细化研究以及各空间之间的互动作用的研究尚未充分展开，今后会继续关注并深入研究。

附录

调查问卷

1. 您所在的高校是：
“双一流”、985 或 211 院校
其他部属院校
省属重点院校
地市级院校
独立学院
其他
2. 您现在所接受的高等教育学历层次为：
专科
本科
硕士
博士
3. 您所学的专业属于：
人文学科类
理工学科类
经济、管理类
农学
医学
军事学
4. 您认为当前的思想政治理论课教学有满足您的相关需求吗？

没有

一少部分

基本上

很大程度上

5. 您认为目前影响思想政治理论课教学实效性的最主要因素为：

教师主体，包括学术水平、授课技巧等

学生主体，包括学习态度、学习能力等

教学内容

教学方法

教学载体

6. 如果要优化思想政治理论课教学空间，您认为应优先发展哪一方面：

提升教师个人能力，增强授课学理性

提高学生的主体性，强化师生互动

拓展教学内容，丰富授课素材

运用信息化手段，发展信息化教学

推动项目式教学，创新教学方式

7. 在您看来，思想政治理论类课程与其他的专业、非专业课程相比，有自身独特的学科体系吗？

没有，只学习到零散的知识点

不明显，有些科目的系统性稍强一点

比较明显，大部分课程都是一个相对完整的系统

有，非常明确课程内部和课程之间的逻辑关系

8. 您认为思想政治理论类课程的学科精神与其他专业的学科精神有所区别吗？

没有，每个学科所蕴含的学科精神类似

有，思政类课程所蕴含的学科精神更具使命感、包容力

9. 目前思想政治理论课程体系的建设应聚焦于哪个方面，更有利于学科发展？

进一步完善已有学科体系的建设

积极借鉴其他学科的研究成果

着力解决学科发展和实践探索中的新问题

10. 您所在高校开设的实践教学与思政课的理论讲授有呼应吗？

几乎没有，实践教学的频次很低

比较少，实践项目多在校内进行，偏重形式化

有一定的呼应，但不够深入

有，与理论授课同步进行，项目设计科学，有效促进知行合一

11. 就您所在高校开设的思政课实践教学而言，以下哪种因素对其实施效果影响最大？

实践教学与理论教学存在脱节现象

教师主体要素

学生主体要素

实践项目种类单一，活动空间有限

相关配套措施不完善，可利用资源较少

12. 如果要提升思政课实践教学效果，您认为当前最有效的措施是：

科学设计实践教学，与理论教学相互支持

提高教师的参与度，发挥引导作用

发挥学生的主体性，鼓励自我教育、自我监管

丰富实践项目，完善配套资源

13. 您有在线进行思想政治理论课学习的经历吗？

没有

有，很少

有，经常

14. 以下哪种技术辅助式授课方式对您来说接受度最高？

案例视频教学

微课

慕课

特定的思政类课程学习网站或 App

15. 下列要素中最能促使您主动选择相关在线项目或学习方式的是：

友好的操作界面和用户体验

比现实教学空间之中更多的互动交往

能更有效地理解和掌握相关理论知识点

可一定程度地解决当前所面临的实际问题

16. 您有关注或了解过国家下发的有关思想政治理论课教学的制度文件吗？

没有

有，但只见过或听过，未曾深入了解

有，对部分政策或制度文件进行过研读

17. 据您了解，贵校的思政课教学状况与学校的制度保障有联系吗？

似乎没有联系

应该有，但不清楚具体有何联系

有，思政课教学空间与学校空间相互交叉渗透

18. 当前哪种策略可以为思政课教学提供更有效的制度保障呢？

完善思想政治教育学科的制度结构

学校制度向思政课教学进一步倾斜

深入研究国家相关制度文件，寻求教学与制度之间的均衡

19. 当您进入到目前的思想政治理论课教学空间之中时，您的感受是？

不太愉悦，有一种压迫感

无所谓，选择性接触和接受

感受不错，更了解当前中国的发展现状以及国际形势

感受挺好，更加清楚中国道路的选择和当代大学生的使命

20. 您认为思政课教学生态空间应朝哪个方向更加优化？

赋予主体更加个性化的成长空间

更关注思政课内部空间要素的互动与转化

加大对思政课外部空间的开放性与交流性

21. 现在的网络生态环境有利于思想政治理论课教学空间的发展吗?

不清楚，没了解过或考虑过

有利，信息手段的使用有助于教学实效的提高

不利，网络空间的虚拟性、开放性等会对主流意识形态建设构成威胁

22. 就您的个人理解，请对思想政治理论课教学空间的发展提出宝贵的意见____。

参考文献

一　中文著作

《马克思恩格斯文集》（第一、二、三、五、六、八卷），人民出版社2009年版。

《马克思恩格斯选集》（第一、二、三、四卷），人民出版社2012年版。

《毛泽东文集》（第七卷），人民出版社1999年版。

《毛泽东选集》（第二卷），人民出版社1991年版。

包亚明：《后现代性与地理学的政治》，上海教育出版社2001年版。

蔡翠红：《网络时代的政治发展研究》，时事出版社2015年版。

曹毓英：《井田制研究》，华中师范大学出版社2005年版。

陈万柏、张耀灿：《思想政治教育学原理》，高等教育出版社2007年版。

陈遵妫：《中国天文学史》，上海人民出版社2006年版。

董前程：《高校思想政治理论课教学模式改革研究》，中国社会科学出版社2018年版。

冯时：《中国天文考古学》，中国社会科学出版社2007年版。

贺业钜：《考工记营国制度研究》，中国建筑工业出版社1985年版。

教育部社会科学司：《普通高校思想政治理论课文献选编（1949—2006）》，中国人民大学出版社2007年版。

李晓兰、李孟刚：《网络社会生态系统形成机理研究》，经济科学出版社2016年版。

李学勤：《十三经注疏：尚书正义》，北京大学出版社 1999 年版。

林密：《意识形态、日常生活与空间——西方马克思主义社会再生产理论研究》，中国社会科学出版社 2016 年版。

孟宪承：《教育概论》，福建教育出版社 2006 年版。

申凡：《网络传播心理学》，清华大学出版社 2013 年版。

司马云杰：《文化社会学》，华夏出版社 2011 年版。

童强：《空间哲学》，北京大学出版社 2011 年版。

王能东：《高校思想政治理论课教师核心教学能力研究》，人民日报出版社 2018 年版。

吴满意：《网络人际互动——网络实践的社会视野》，人民出版社 2015 年版。

武廷海、张能、徐斌：《空间共享——新马克思主义与中国城镇化》，商务印书馆 2014 年版。

杨宽：《中国古代都城制度史研究》，上海人民出版社 2003 年版。

尤金：《空间与历史唯物主义》，人民出版社 2019 年版。

游琪、刘锡诚：《山岳与象征》，商务印书馆 2004 年版。

佘双好：《思想政治理论课程教学法探析》，中国人民大学出版社 2018 年版。

张杰：《中国古代空间文化溯源》，清华大学出版社 2016 年版。

张耀灿、郑永廷、吴潜涛：《现代思想政治教育学》，人民出版社 2006 年版。

郑杭生：《社会学概论新修》，中国人民大学出版社 2013 年版。

郑永廷：《思想政治教育方法论》，高等教育出版社 2010 年版。

邹昌林：《中国礼文化》，社会文献出版社 2000 年版。

［德］黑格尔：《美学》（第一卷），朱光潜译，商务印书馆 1996 年版。

［德］库尔特·勒温：《拓扑心理学原理》，高觉译，商务印书馆 2003 年版。

［德］马丁·海德格尔：《存在与时间（修订译本）》，陈嘉映等译，生活·读书·新知三联书店 2006 年版。

［德］雅思贝尔斯：《什么是教育》，邹进译，生活·读书·新知三联书店 1991 年版。

［法］古斯塔夫·勒庞：《乌合之众——大众心理研究》，马晓佳译，民主与建设出版社 2018 年版。

［法］亨利·列斐伏尔：《空间与政治》，李春译，上海人民出版社 2015 年版。

［法］亨利·列斐伏尔：《日常生活批判（第二卷）——日常生活社会学基础》，叶齐茂等译，社会科学文献出版社 2018 年版。

［古希腊］亚里士多德：《形而上学》，吴寿彭译，商务印书馆 1995 年版。

［捷克］夸美纽斯：《大教学论》，傅任敢译，教学科学出版社 1999 年版。

［美］爱德华·W. 苏贾：《后现代地理学——重申批判社会理论中的空间》，王文斌译，商务印书馆 2004 年版。

［美］杜威：《民主主义与教育》，王承绪译，人民教育出版社 1990 年版。

［美］哈罗德·拉斯韦尔：《社会结构的传播与功能》，何道宽译，中国传媒大学出版社 2015 年版。

［美］威尔伯·施拉姆：《传播学概论》，何道宽译，中国人民大学出版社 2010 年版。

［美］伊莱休·卡茨、保罗·F. 拉扎斯菲尔德：《人际影响——个人在传播中的作用》，张宁译，中国人民大学出版社 2016 年版。

［苏联］苏霍姆林斯基：《怎样培养真正的人》，蔡汀译，教育科学出版社 1999 年版。

［西班牙］曼纽尔·卡斯特：《网络社会的崛起》，夏铸九等译，社会科学文献出版社 2001 年版。

［英］大卫·哈维：《地理学中的解释》，高泳源等译，商务印书馆 1996 年版。

二　中文期刊

陈宗章：《社会场域中思想政治教育现代转型的动力探析》，《求实》2014 年第 4 期。

陈宗章、李大伟:《网络思想政治教育主体及其空间结构》,《学校党建与思想教育》2015 年第 15 期。

邓纯余:《社会空间理论视野中的思想政治教育》,《学术论坛》2013 年第 4 期。

董梅昊、佘双好:《新中国 70 年来思想政治理论课教学研究回顾与展望》,《思想理论教育导刊》2019 年第 10 期。

侯勇:《论多维空间视野中高校思想政治教育系统整合》,《思想教育研究》2017 第 5 期。

侯勇、孙然:《高校思想政治教育空间整合:目标、力量与机制》,《思想教育研究》2018 年第 3 期。

金丽馥:《新时代高校思想政治理论课教师教学能力提升策略探析》,《思想理论教育导刊》2018 年第 10 期。

李俊文:《马克思主义哲学中国化的社会时空问题研究》,《哲学动态》2011 年第 12 期。

李木柳:《对高职思政课实践教学内涵及路径的探析》,《职教论坛》2012 年第 23 期。

李影:《综合立体:思想政治理论课教学的新思维》,《黑龙江高教研究》2010 年第 12 期。

刘朝武:《从智育走向心育:现代大学师生交往空间立体化构筑模式探微》,《江苏高教》2017 年第 7 期。

刘丽敏、郝丽媛:《"金课"视阈下高校思想政治理论课的慕课教学改革及其深化》,《学校党建与思想教育》2019 年第 7 期。

卢岚:《论思想政治教育变革的空间转向》,《思想理论教育》2017 年第 3 期。

吕峰、管爱花:《新媒体环境下高校思想政治理论课教学改革创新实践路径探讨》,《思想政治教育研究》2016 年第 6 期。

米霞、朱经纬:《手机媒体视域下增强思想政治理论课教学实效性探赜》,《学校党建与思想教育》2018 年第 6 期。

彭健:《网络教学平台中的高校思想政治理论课问题式教学研究》,

《学校党建与思想教育》2016 年第 22 期。
唐召云、蒋晓明、匡利民：《基于互联网云平台空间的思政课教学方法创新及应用》，《中国高等教育》2017 年第 11 期。
王惠：《“互联网 +”背景下高校思想政治理论课教学改革的加与减》，《教育评论》2017 年第 10 期。
王荣发：《思想政治理论课教学空间的拓展与建构》，《思想理论教育》2016 年第 1 期。
王越芬、张世昌：《拟态空间视域下的思想政治教育研究》，《学习论坛》2016 年第 11 期。
魏强、周琳：《高校思想政治理论课教学方法的“变”与“不变”》，《思想教育研究》2018 年第 4 期。
吴付来：《打造学生真心喜爱、终身受益的思想政治理论课》，《中国高等教育》2018 年第 2 期。
肖映胜、吕学芳：《“五全育人”：提升高校思想政治理论课教学实效创新思路研究》，《思想理论教育导刊》2015 年第 10 期。
谢迪斌：《思想政治理论课课堂教学空间设计及其运用》，《思想理论教育导刊》2009 年第 9 期。
杨慧娟：《思想政治教育多维空间场域的构架》，《教学与管理》2017 年第 12 期。
杨丽艳、焦博秀：《党史档案在高校思想政治理论课教学中的价值探析》，《继续教育研究》2018 年第 7 期。
杨未：《锤炼思想政治理论课教学语言》，《思想理论教育导刊》2018 年第 6 期。
杨业华、刘靖君：《高校思想政治理论课教学环境建设探析》，《思想理论教育导刊》2011 年第 4 期。
杨志超：《建构思想政治理论课混合式教学模式的现实思考》，《思想理论教育》2017 年第 11 期。
叶荣国：《高校思想政治理论课教学质量内涵分析与认知维度》，《教育评论》2016 年第 9 期。

张丽璇:《思想政治教育的空间策略》,《理论探讨》2017 年第 1 期。

郑忠平:《高校思想政治理论课教师教学实效性研究》,《中国教育学刊》2015 年第 S1 期。

周惠杰、吴卫东、宋阔:《略论高校思想政治理论课实践教学载体与方法的创新》,《学校党建与思想教育》2016 年第 2 期。

后　记

在2023农历新年即将到来之际，对博士论文的审视与修改也接近尾声，此时心中萦绕的是难以名状的思绪与情感。一方面是回想起攻读博士的一千多个日夜所经历的挑战与艰辛，另一方面是对所研究命题的困惑与思索，因为这是一个全新的领域，还有很多未知需要去探索和研究，对理论与实际的把握才刚刚起步。

最衷心的感谢要献给我的恩师吴满意教授。导师学识丰富、治学严谨，儒雅风趣且平易近人。每当我在学术上遇到问题与困难时，导师总会给予我十分中肯的指引和教诲，导师的话语总是能够为我拨开迷雾，找准方向，就像在茫茫大海之中的灯塔，照亮了我的学海之路。从博士论文题目的确定到现在书稿的成型，都凝聚着导师的心血与汗水。在跟随导师学习的过程之中，学习方法得到优化，学术思维得以拓展，从导师身上我感受到了学者的魅力与风范，使我终身受益。

感谢申小蓉教授对我学术之路的启迪帮助与谆谆教诲，每一次的交流都让我收获颇多，带领我走进思想政治教育学科之门，以认真严谨的态度开启博士生涯。

感谢崔发展、张小飞教授对书稿的写作与出版给予的支持与帮助。

感谢中国社会科学出版社杨晓芳编辑为本书的付梓所做出的一切。

感谢景星维、黄冬霞、米华全、唐登云、董兴彬总是第一时间给予我回应与支持。

感谢我的家人在我学习和研究中给予的极大理解与支持。

本书是在博士论文的基础上提炼修改而成，书中个别观点未能详尽之处，本人将在今后的研究中继续思考和探究。